Martin Kluger

REGENSBURG

Stadtführer durch das
mittelalterliche Weltkulturerbe

M.S. Media-Service und Verlagsgesellschaft mbH
Hrsg. Blizz aktuell

Regensburg

HOTEL

Martin Kluger

REGENSBURG

AUF DER UNESCO-WELTERBE-LISTE

Das „mittelalterliche Wunder Deutschlands" hat man Regensburg genannt. Die Stadt – seit Juli 2006 auf der UNESCO-Welterbe-Liste – hat eine einzigartige Fülle an Bauwerken und Kunstschätzen von der Zeit der Römer über die Romanik und Gotik bis zum Rokoko zu zeigen – und Geschichte und Geschichten aus beinahe zweitausend Jahren. Das alles liegt ganz nah beieinander, denn die Altstadt ist gerade einmal anderthalb Quadratkilometer groß. Dennoch findet man allein hier fast tausend denkmalgeschützte Bauten bayerischer und deutscher Herrscher, von Bischöfen, Mönchen und reichen Handelsherren. Der boomende Wirtschaftsstandort der Gegenwart und über 20 000 Studenten sorgen dafür, dass das Weltkulturerbe Regensburg „jung und alt zugleich" ist.

Regensburg: vom Römerlager über Bayerns Hauptstadt zum Welterbe

„Regensburg ist Welterbe": Die Aufnahme in die UNESCO-Liste des Weltkulturerbes im Juli 2006 zeichnet das „mittelalterliche Wunder Deutschlands" aus, das in fast 2000 Jahren immer wieder eine Stadt der Superlative war. Beinahe tausend Denkmäler allein in der Altstadt erzählen die Geschichte der von Römern gegründeten Stadt, die zur „romanischsten" Stadt Deutschlands wurde. In Mitteleuropa gibt es keine Stadt, die wie Regensburg Wirtschaft, Politik und Kirche des Hohen Mittelalters widerspiegelt. Dass die Donaustadt dennoch jung wirkt, dafür sorgen die boomende Wirtschaft und über 20 000 Studenten im Straßenbild, in den Straßencafés und Altstadtkneipen.

Dass Regensburg etwas Besonderes ist, ist eigentlich gar nicht der Erwähnung wert. Denn an ihre geschichtliche und geografische Ausnahmestellung haben sich die Regensburger und ihre Besucher in nahezu 2000 Jahren gewöhnt. „Regensburg: Seit den Römern eine Stadt der Superlative" titelte denn auch die „Mittelbayerische Zeitung" am 14. Juli 2006, als die Aufnahme der Donaustadt in die UNESCO-Welterbe-Liste zu feiern war. Allein 984 Denkmäler in der weitestgehend intakt gebliebenen Regensburger Altstadt belegen die Einzigartigkeit der Stadt, die man das „mittelalterliche Wunder Deutschlands" genannt hat.

Es ist wirklich ein Wunder, dass die Stadt derart erhalten blieb. Zu verdanken ist dies wohl weniger dem Verstand der Altvorderen als vielmehr

Bild oben: Mittelalterlich und bayerisch präsentiert sich die Donaustadt – die Steinerne Brücke und der gotische Dom sind zwei ihrer Hauptsehenswürdigkeiten.

einer ganzen Reihe glücklicher Zufälle. Glücksfall Nummer eins: Nach dem Weggang der römischen Stadtgründer stieg Regensburg rasch zur Hauptstadt Bayerns und zu einem europaweit bedeutenden politischen, kirchlichen und dann auch wirtschaftlichen Zentrum auf. Seine zentrale Lage an der Donau und der Bau der Steinernen Brücke (über Jahrhunderte der einzige gemauerte Donauübergang zwischen

Hinter dem Erker des Alten Rathauses beriet der „Immerwährende Reichstag". Vor dem Rathaus freuen sich Straßencafés und Straßenkünstler über Scharen von Besuchern in der Welterbe-Stadt.

Wenn es Nacht wird in Regensburg, vergoldet Licht den Dom, das Hauptwerk der Gotik in Bayern. In den Gassen pulsiert das pralle Leben: Die Stadt hat die wohl höchste Kneipendichte Deutschlands.

Was für Kirchen: 365 soll es in Regensburg geben. Selbst die Grabsteine wirken hier lebendiger als anderswo.

Was für ein Panorama: Vom Damm zwischen zwei Donauinseln streift der Blick von der Steinernen Brücke über die Domtürme bis zum Rathausturm und zu Geschlechtertürmen reicher Kaufleute.

Ulm und Wien) sowie das Geschick seiner tätigen Fernhandelskaufleute machten Regensburg reich.

Dass sich Regensburg heute die „romanischste" Stadt in Deutschland und die „nördlichste Stadt Italiens" nennen darf, ist einem (aus heutiger Sicht gesehen) zweiten „Glücksfall"

geschuldet. Denn all die romanischen Kirchen und Kapellen, die Patrizierburgen mit ihren Geschlechtertürmen, der gotische Dom und die engen Altstadtgassen wären so nicht erhalten, wäre nicht die vormals so reiche Stadt im Spätmittelalter im Schatten Nürnbergs und Augsburgs völlig verarmt. „Armut ist der beste Denkmalschutz": Diese Erkenntnis bewahrheitete sich auch in Regensburg, während in den süddeutschen Handelsmetropolen an Pegnitz und Lech zwischen Renaissance und Jugendstil immer wieder aufs Neue das Alte überbaut wurde.

Glücksfall Nummer drei: Als Deutschland 1945 in Trümmern lag, war das alte Regensburg den Bombenangriffen entgangen. Wenig später kam Glücksfall Nummer vier dazu: Zwar war wohl auch in Regensburg die autogerechte Stadt längst in Planung, doch machten erstens Geldmangel und zweitens die allmählich einsetzende Erkenntnis vom unschätzbaren Wert der alten Bausubstanz solchen Überlegungen ein Ende. Seit 1973 steht die komplette Altstadt (mit Stadtamhof) als Ensemble unter Denkmalschutz: Fast tausend Baudenkmäler gibt es hier, rund 1400 sind es im gesamten Stadtgebiet.

Regensburg liegt am nördlichsten Punkt des zweitlängsten Flusses in Europa. Kaum ein Stadtführer vergisst den Vielreisenden Goethe zu erwähnen, der feststellte, dass diese Gegend eine Stadt geradezu anlocken musste. Das sahen auch die Römer so, als sie 179 n. Chr. „Castra Regina" gründeten. Bei ihrem Abzug ließen sie die Mauern zurück, die schon bald die Bajuwaren dazu bewogen, die unzerstörte Stadt als erste Hauptstadt Bayerns zu nutzen.

Weil zudem Missionare, Mönche und Bischöfe die einstige Römerstadt zum kirchlichen Zentrum machten, hielt der Schriftsteller Honorius Augustodunen-

Ein Medienereignis war der Besuch Papst Benedikts XVI. im September 2006. Er weihte in der Alten Kapelle die neue „Papst-Benedikt-Orgel", eine Schenkung an die Basilika, ein. Auf dem Islinger Feld feierte der Ehrenbürger Regensburgs mit rund 200 0000 Gläubigen eine Messe.

Mittelalterliche Architektur ist in Regensburg so gut erhalten wie sonst nur in einigen wenigen Städten Italiens.

sis im 12. Jahrhundert Regensburg für die einzige erwähnenswerte Stadt Deutschlands und verglich es mit Rom und Athen. Dabei war die Donaustadt damals noch längst nicht der politische Zentralort Europas, der sie durch die Reichstage, zumal den „Immerwährenden Reichstag" von 1663 bis 1806, werden sollte. Der Reichstag im Alten Rathaus wird heute als Vorläufer des deutschen, wenn nicht gar des europäischen Parlamentarismus gesehen. Was von dieser Epoche blieb, ist das Fürstenhaus Thurn und Taxis. Es baute das säkularisierte Kloster St. Emmeram zu einer Residenz aus, deren Glanz über ganz Europa strahlte.

Napoleon und die Bayernkönige warfen Regensburg nach 1810 für längere Zeit in die Bedeutungslosigkeit zurück. Als Hauptstadt der Oberpfalz wuchs es in hundert Jahren von 20 000 auf gerade einmal 53 000 Einwohner. Zur Boomtown und zu einer pulsierenden Großstadt mit heute 150 000 Bewohnern wurde die Donaustadt erst nach

Die Geschichte

um 80 n. Chr.: Gründung eines Militärlagers römischer Truppen im Regensburger Stadtteil Kumpfmühl.

179: Gründung des neuen römischen Militärstützpunkts Castra Regina.

um 470: Abzug der letzten römischen Soldaten nach dreimaliger Zerstörung der Römerstadt zwischen 242 und 358.

555: Bayerns erster Herzog Garibald macht Regensburg zur Hauptstadt.

um 700: Die Wander- und Missionsbischöfe Rupert, Emmeram und Erhard wirken in Regensburg.

739: Bonifatius gründet das Bistum Regensburg.

778: Der Dom St. Peter wird zum ersten Mal urkundlich erwähnt.

788: Kaiser Karl der Große setzt den Bayernherzog Tassilo III. ab und hält sich danach dreimal in Regensburg auf.

um 850: Am Alten Kornmarkt entsteht die Pfalz König Ludwigs des Deutschen.

973/975: Bischof Wolfgang gründet das Bistum Prag und trennt damit Böhmen vom Bistum Regensburg ab. Er beendet die Personalunion zwischen dem Abt von St. Emmeram und dem Bischof.

um 1010/1020: Erstmalig wird das jüdische Viertel Regensburgs erwähnt. Juden leben hier spätestens seit 981.

1135 – 1146: Die Steinerne Brücke über die Donau wird errichtet.

1244: Baubeginn für das Alte Rathaus.

1245: Stauferkaiser Friedrich II. erhebt Regensburg zur Freien Reichsstadt.

1273: Der Neubau des gotischen Doms über älteren Vorgängerbauten beginnt.

1383 – 1407: Das „Runtinger-Buch", das bedeutendste Kaufmannsbuch des Mittelalters in Deutschland, entsteht.

1519: Die Regensburger vertreiben die Judengemeinde und zerstören das jüdische Viertel und die Synagoge.

1538: Regensburg ist verarmt. Die Bauarbeiten am Dom werden eingestellt.

1542: Die Freie Reichsstadt Regensburg wird protestantisch.

ab 1594: Reichstage finden von jetzt an ausschließlich in Regensburg statt.

1663 – 1806: Der „Immerwährende Reichstag" berät im Alten Rathaus.

1810: Das 1802 gegründete Fürstentum Regensburg wird bayerisch.

1945: Regensburg wird kampflos an US-amerikanische Truppen übergeben. Die historische Altstadt bleibt mit nur wenigen Ausnahmen unzerstört.

2006: Regensburgs Altstadt und der Stadtteil Stadtamhof werden in die UNESCO-Welterbe-Liste aufgenommen.

Tipps

Tourist-Information: Ohne Orientierung in der fremden Stadt? In Regensburg findet man die Tourist-Information im Alten Rathaus am Rathausplatz. Auskünfte und Prospekte erhält man unter Telefon 09 41/5 07-44 10 (oder -44 11 beziehungsweise -44 12). Geöffnet ist Mo – Fr 9.15 – 18 Uhr, Sa 9.15 – 16 Uhr sowie So und feiertags 9.30 – 16 Uhr (01.11. bis 31.03. nur bis 14.30 Uhr, am Neujahrstag geschlossen).

Regensburg im Web: Sehr liebevoll und informativ gemacht ist der Web-Auftritt der Stadt (www.regensburg.de).

Stadtführungen: Stadtrundgänge für Individualgäste starten mit Ausnahme des Neujahrstags täglich bei der Tourist-Info am Alten Rathaus (mit unterschiedlichen Führungszeiten, je nach Saison – erfragen oder im Web nachsehen). Schauspiel-Führungen bieten die Regensburg Tourismus GmbH und die Stadtmaus GmbH (Infos: Telefon 09 41/59 99-2 55, www.stadtmaus.de). Spezielle Führungen gibt es zudem im Dom und im Schloss Thurn und Taxis.

Stadtrundfahrten: Von April bis Oktober täglich (10, 11, 12, 14, 15 und 16 Uhr) ab Dom. Infos bei der Stadtrundfahrten GmbH, Telefon 09 41/6 30 88 13 und im Web (www.city-tour.info).

Gruppen, Pauschalen und mehr: Infos zu (Gruppen-)Führungen, Pauschalen, Museen, Schifffahrten und Ausflügen liefert der aktuelle „Gruppen-Katalog" der Regensburg Tourismus GmbH.

dem Zweiten Weltkrieg. 1950 kamen die Siemens-Werke in die Stadt, und 1986 siedelte sich ein BMW-Werk an. Heute tragen weitere Global Player wie Infineon, Toshiba und Osram den Namen Regensburgs in die Welt. Der 1962 eröffnete Industriehafen sowie der im Jahr 1992 eingeweihte Rhein-Main-Donau-Kanal tragen dazu bei, diesen prosperierenden bayerischen Wirtschaftsstandort zu stärken.

1967 wurde die Universität gegründet. 23 000 Studenten der Uni und der Fachhochschule sorgen für auffallend viele junge Gesichter in den Straßencafés sommerlicher Altstadtgassen und -plätze. Was die Universität ebenfalls bewirkt hat: „Wir sind Papst", heißt es in Regensburg, wo man sich Papst Benedikt XVI. äußerst verbunden fühlt. Von 1969 bis zur Ernennung zum Erzbischof von München und Freising im Jahr 1977 war Joseph Ratzinger Professor, seit 1976 sogar Vizepräsident der Uni Regensburg und danach – bis zur Wahl als Papst – Honorarprofessor. Über die Beziehungen des Papstes zu Regensburg (das er vom 11. bis zum 14. September 2006 besuchte) informiert seit August 2006 die Website www.uni-regensburg.de.

Der Bruder von Papst Benedikt XVI., Georg Ratzinger, war von 1964 bis 1994 Domkapellmeister und somit der Leiter der bekanntesten Botschafter dieser Stadt – der weltberühmten Regensburger Domspatzen. Sie hört man an den Sonn- und Feiertagen während der Messen im Dom. Dies ist nur eines der Erlebnisse, die die Welterbe-Stadt an der Donau zu bieten hat.

Die wichtigsten Sehenswürdigkeiten

Dom: Das Hauptwerk der bayerischen Gotik. Ab dem 13. Jahrhundert erbaut, die Türme wurden 1869 fertiggestellt.

Steinerne Brücke: Jahrhundertelang bis Wien einzige steinerne Donaubrücke – galt als Weltwunder und Teufelswerk.

Altes Rathaus: Zuerst das Zentrum der Freien Reichsstadt, dann beriet hier der „Immerwährende Reichstag".

Porta Praetoria: Reste eines Tors des 179 n. Chr. errichteten Römerlagers, Standort der dritten italischen Legion.

Schottenportal: Das romanische Portal der Schottenkirche ist ein figurenreiches, unentschlüsseltes Bilderrätsel.

Fürstliches Schloss Thurn und Taxis: Es ist (gemessen an der Zahl der Räume) das größte bewohnte Schloss Europas.

Die bayerische Boomtown an der Donau

„Spitze an der Donau" heißt der Slogan Regensburgs – was nicht allein deshalb stimmt, weil die Stadt am nördlichsten Punkt der Donau liegt. Schon heute ist Regensburg mit rund 150 000 Einwohnern nach München, Nürnberg und Augsburg die vierte unter den bayerischen Großstädten. Eine Forsa-Studie bescheinigte der Hauptstadt der Oberpfalz, dass sie mehr als jede andere deutsche Großstadt wachsen wird. Eine Prognos-Zukunftsstudie sah Regensburg unter 439 Städten und Kreisen in Deutschland beim Gesamtergebnis unter den Top 10 – der Wirtschaftsstandort gehört sogar zu den dreien mit der stärksten Dynamik.

Keine bayerische Stadt hat in den letzten Jahren so sehr an Attraktivität gewonnen wie die Donaustadt. Eine Entwicklung, die Regensburg mitnichten „in die Wiege gelegt" worden war, denn die Industrialisierung des 19. Jahrhunderts ließ die Donaustadt außen vor.

Im BMW-Werk Regensburg gehen tagtäglich 1000 Fahrzeuge vom Band. Rund 10 000 Mitarbeiter sind hier beschäftigt.

Als Initialzündung für den Aufschwung gilt heute die Ansiedlung der Universität Regensburg Ende der 1960er Jahre und die Errichtung der Fachhochschule im folgenden Jahrzehnt. Der spätere Weg Regensburgs zur Boomtown ist zudem unlösbar mit den Namen BMW und Siemens verbunden.

1986 siedelte der Automobilkonzern aus München ein Werk an, das heute rund 10 000 Mitarbeiter beschäftigt. Jährlich werden 240 000 BMW in Regensburg produziert, darunter die erfolgsträchtige 3er-Reihe, von der täglich über 800 Stück vom Band gehen. Und Siemens war der Auslöser für die Entwicklung Regensburgs zum Mittelpunkt der

IT-Region Oberpfalz, die heute nach München und Nürnberg die Nummer drei in Bayern ist. Jeder neunte Regensburger Arbeitsplatz wurde durch die IT-Branche geschaffen. Dies war kaum abzusehen gewesen, als der Münchner Konzern 1959 sein Werk für Siemens-Bauelemente aufbaute. Aus ihm wurde 1999 ein Hauptstandort der Infineon Technologies AG. Dort arbeiten heute allein mehr als 3000 Beschäftigte für das Unternehmen, das weltweit zu den Top 10 in der Mikroelektronik zählt.

Der traditionsreiche Name Siemens hat sich jedoch nicht aus Regensburg verabschiedet – im Gegenteil: Mehr als 5000 Mitarbeiter der Siemens VDO Automotive AG produzieren am Hauptsitz des Unternehmens Automobilelektronik, -elektrik und -mechatronik. Und das Siemens-Geschäftsgebiet Elektrische Installationstechnik, Elektronik und Elektrotechnik beschäftigt allein bereits 1600 Mitarbeiter.

Zu den weiteren prominenten Arbeitgebern in der Stadt zählt die Toshiba Europe AG, die hier ihre europäische Zentrale für Notebooks betreibt. 600 Mitarbeiter produzieren monatlich über 90 000 tragbare Computer und 10 000 Desktop-PC. Am Standort Regensburg beschäftigt die e.on Energie-Gruppe insgesamt rund 1000 Mitarbeiter. Von ihnen sind über 500 beim bundesweit größten regionalen Energiedienstleister e.on Bayern AG tätig.

Zu den weit über Regensburg hinaus bekannten Technologieunternehmen gehören zum Beispiel auch die Osram

Die Zentrale der e.on Bayern AG hat ihren Sitz in Regensburg.

Opto Semiconductors GmbH, die AREVA Energietechnik GmbH und die SGB Starkstrom Gerätebau. Im innovativen „Bio Park Regensburg" haben sich die Antisense Pharma GmbH (sie entwickelt Medikamente gegen Krebs) sowie die GENEART GmbH (sie produziert dort synthetische Gene) angesiedelt.

Doch auch in traditionellen Branchen hat Regensburg namhafte Aushängeschilder. Die über 100 Jahre bestehende Maschinenfabrik Reinhausen ist Weltmarktführer, Südzucker Regensburg die älteste Zuckerfabrik Bayerns, das fürstliche Haus Thurn und Taxis zählt zu den größten Grundbesitzern Deutschlands. Eines der bekanntesten mittelständischen Unternehmen Regensburgs ist die Firma Händlmaier, die seit mehr als 100 Jahren ihren mittlerweile weltweit verkauften süßen Senf herstellt. Auch der Stellenwert des Tourismus ist nicht hoch genug anzusetzen: 660 000 Übernachtungsgäste wurden 2005 in Regensburg registriert – Tendenz steigend.

Mehr Infos zur boomenden Regensburger Wirtschaft: www.regensburg.de.

Sechs Stadtspaziergänge führen in Regensburg durch die größte geschlossene Altstadt Deutschlands. Hier ist alles ganz unglaublich nah beieinander: der gotische Dom, das „Weltwunder" Steinerne Brücke, das Alte Rathaus, in dem der „Immerwährende Reichstag" beriet, die Geschlechtertürme der reichen Kaufleute, die Mauerreste der Römer, das Schloss der Fürsten von Thurn und Taxis, die oft uralten Kirchen... Ein weiterer, siebter Spaziergang entlang der Donauufer lädt zu den schönsten Blicken auf Regensburg, das „mittelalterliche Wunder Deutschlands", ein.

Unübersehbarer Orientierungspunkt Nummer eins: der Regensburger Dom

Wo sollte man eine Regensburg-Erkundung beginnen, wenn nicht am Dom? Der Dom St. Peter – im 13. Jahrhundert eindeutig auf seine Fernwirkung hin geplant – ist unübersehbares Wahrzeichen und Orientierungspunkt Nummer eins in der Stadt. Ein Gang über den Domplatz macht mit dem Äußeren der in 600 Jahren errichteten Bischofskirche vertraut. Sie wurde über der römischen Stadt errichtet, von der nah beim Dom noch die Porta Praetoria zu sehen ist.

Keine Frage: Der Domplatz ist häufig der Ausgangspunkt einer Regensburger Stadterkundung. Der Grund: Der Dom ist neben der Steinernen Brücke eine der beiden Hauptsehenswürdigkeiten der Stadt. Ein zweiter Grund liegt auf der Hand: Man kann die Bischofskirche schlicht und einfach kaum übersehen. 105 Meter sind die beiden Domtürme hoch, die so gar nicht danach aussehen, als wären sie erst 1869 fertiggestellt worden.

Was man bei den ersten Schritten über den Domplatz bemerkt: Kirchen hat man in Regensburg immer gern und viel gebaut. Links vom Hauptportal des Doms an der Westfassade steht die kleine Kirche St. Johann, östlich des Domchors sieht man die frühgotische Fassade von St. Ulrich, dahinter erheben sich die romanischen Doppeltürme der Niedermünsterkirche.

Um beim Dom zu bleiben: Er wurde nicht nur einmal, sondern gleich mehrfach – und dann in etlichen Etappen und über mehrere Jahrhunderte – errichtet. In Regensburg residieren die

Bild oben: Der Fernblick auf die Südseite und die erst 1869 fertiggestellten Doppeltürme des Regensburger Doms.

Bischöfe spätestens seit 739, und eine erste Bischofskirche wurde nahe der Porta Praetoria (vermutlich im heutigen Domgarten) erbaut. Der gotische Dom hatte drei Vorgängerbauten: Von einer Erweiterung zu Beginn des 11. Jahrhunderts ist noch der Eselsturm zu sehen. Man erkennt den schlichten romanischen Turm an der Nordfassade des Doms sehr gut vom nördlichen Donauufer oder vom Bischofshof aus.

Die beiden Westtürme des Doms, davor St. Johann am Krauterermarkt. Ein Vorgängerbau der kleinen Kirche musste im 14. Jahrhundert dem Dom weichen.

Am Tympanonrelief des südlichen Westportals des Doms ist zu sehen, wie ein Engel Petrus aus dem Gefängnis befreit. Der Apostel Petrus ist der Schutzheilige des Papstes und der Patron der Regensburger Bischofskirche.

Ein imposantes Beispiel der Baukunst der Gotik – die zum Himmel strebende Westfassade des Regensburger Doms.

Bild rechts: Zahlreiche allegorische Tier- und Dämonenskulpturen bevölkern das Äußere des Doms.

Beeindruckende Steinmetzkunst am Dom: Zahlreiche Skulpturen und szenische Darstellungen zieren das Hauptportal.

Um das Jahr 1270 begann man mit dem Bau des gotischen Regensburger Doms. Möglicherweise gab der berühmte Bischof, Naturgelehrte und später heiliggesprochene Albertus Magnus den Anstoß: Er leitete das Bistum von 1260 bis 1262 und kam aus Köln, wo man schon 1248 mit dem Bau des Doms begonnen hatte. Die Frage der geistigen Urheberschaft kann aber nicht beantwortet werden.

Die Südfassade des Regensburger Doms. Er ist das Hauptwerk der gotischen Baukunst in Bayern.

Das Hochgrab des 1598 verstorbenen Kardinals Philipp Wilhelm von Bayern steht im Westteil des Mittelschiffs. Es ist eines der wenigen barocken Kunstwerke des Doms, die die durch den bayerischen König Ludwig I. betriebene Purifizierung überstanden.

Entsprechend lange währte die Bauzeit, die sich bis ins 16. Jahrhundert hinzog – wobei den beiden Türmen damals noch immer die Spitzen fehlten. Erst durch das Engagement des bayerischen Königs Ludwig I. entstanden bis 1869 die Turmhelme sowie bis 1872 die Giebel der Querhausfassaden. Erst 600 Jahre nach dem Baubeginn war der Regensburger Dom vollendet. Um den „Baedeker" zu

Die Domspatzen – der älteste Knabenchor

Die „Lausbuben Gottes" werden die „Regensburger Domspatzen" häufig genannt. Diese singenden Botschafter ihrer Stadt sind der älteste Knabenchor der Welt. Er blickt auf eine mehr als tausendjährige Tradition zurück: Im Jahr 975 gründete Bischof Wolfgang eine Domschule mit dem Schwerpunkt auf der musikalischen Ausbildung für die Gestaltung der Liturgie.

Auch heute noch ist die Begleitung der Gottesdienste im Dom eine der Hauptaufgaben der Dompatzen. Doch ihre Bekanntheit reicht längst weit über die Grenzen der Stadt hinaus: Zahlreiche internationale Auftritte machten den Knabenchor mit seinem Repertoire vom gregorianischen Choral bis zu zeitgenössischen Werken weltberühmt. Ihre CD-Aufnahmen stürmen sogar die Top 100 der Album-Charts. Wenn sie nicht gerade im Dom singen oder auf großer Tournee sind, findet man die Domspatzen in ihrem „Nest": Das nach dem Zweiten Weltkrieg von Kapellmeister Theobald Schrems geschaffene Haus beherbergt ein eigenes Gymnasium mit dem Internat des Chors. Schon die „Nesthäkchen" werden in einer Grundschule auf das Leben im Gymnasium und im Chor vorbereitet.

Die Domspatzen gehören zu Regensburg wie der Dom oder die Donau. Im Jahr 2003 wurden sie sogar auf einer Briefmarke abgebildet. Wer einmal in den Genuss ihres Gesangs „rein wie Glocken" (so die „WAZ") kommen will, findet aktuelle Konzerte und Tourneetermine sowie Informationen zu den Spatzen unter www.domspatzen.de. Leicht zu merken: Jeden Sonntag um 10 Uhr singen sie zur Messe im Dom.

Goldene Kehlen: Die weltberühmten Regensburger Domspatzen vor dem Silberaltar des gotischen Doms.

Tipps

Öffnungszeiten des Doms: Der Dom ist täglich vom 1. April bis 31. Oktober, 6.30 – 18 Uhr, und vom 1. November bis 31. März, 6.30 –17 Uhr, geöffnet.

Führungen im Dom: Die Führungen im Dom und durch den Domkreuzgang finden ganzjährig, aber zu unterschiedlichen Zeiten statt. Infos zu den Zeiten: Telefon 09 41/5 86 55 00. Tickets und Treffpunkt: Infozentrum Domplatz 5.

Domschatzmuseum: Liturgische Objekte und Textilien in Räumen der früheren Residenz der Fürstbischöfe. Zugang vom Bischofshof oder vom Domquerhaus. Infos: Telefon 09 41/5 76 45.

Diözesanmuseum: Das Diözesanmuseum St. Ulrich zeigt Kunstschätze des Bistums Regensburg. Auskünfte per Telefon 09 41/5 16 88 oder im Web (www.bistumsmuseen-regensburg.de).

Gastro-Tipps: Im „Haus Heuport", vor dem Hotel „Herzog am Dom" und im Biergarten des „Bischofshofs" genießt man mit Blick auf den Dom.

Hotel-Tipps: Man logiert hier im Hotel „Herzog am Dom", im „Bischofshof am Dom" oder im „Kaiserhof am Dom".

Rundfahrt: Am Domplatz beginnt die Stadtrundfahrt mit der „City-Tour" in die Altstadt. In der warmen Jahreszeit täglich. Mehr unter www.city-tour.info.

document Niedermünster: Die Gedenkstätte wird bis zum Jahr 2009 saniert.

zitieren: „Der Dom ist das Hauptwerk der Gotik in Bayern und nimmt unter den gotischen Kathedralen Deutschlands einen hervorragenden Platz ein". Entsprechend hält Bayern den Regensburger Dom in Ehren: Seit 1923 restauriert eine staatliche Dombauhütte diesen Bau.

Schaufront des Doms ist zweifelsohne die Westfassade mit drei Portalen und dem kleinen Eicheltürmchen zwischen den beiden Spitzhelmen. Über dem südlichen dieser Portale fällt die Darstellung der Befreiung des Petrus aus dem Gefängnis auf, bei der ein Engel einen Turm einfach zur Seite klappt. Darstellungen des Apostels Petrus sind am und im Dom besonders häufig zu sehen: ein Hinweis darauf, dass dieser Apostel der Patron des Doms ist. Auch an der Südfassade beeindruckt die Vielfalt der Steinplastiken. Man entdeckt hier den reinsten Zoo: Vögel, Löwen, Wölfe, Hunde, Hasen, Schweine, Affen sowie Drachen und Dämonen. Die ursprüngliche Bedeutung dieses mittelalterlichen „Bilderbuchs" war den zumeist leseunkundigen Regensburgern von damals sicher geläufig.

Das Innere des Doms ist 85 Meter lang, 35 Meter breit und fast ebenso hoch. Verglichen mit seiner reich geschmückten Fassade wirkt der Sakralbau auf den ersten Blick fast kahl – das Ergebnis der „purifizierenden" Re-

Bild rechts: Der Dom von Osten – am rechten Bildrand erkennt man den Eselsturm. Er ist ein Relikt des Vorgängerbaus aus dem frühen 11. Jahrhundert.

Schon vor dem Dom entstand nach 1225 die ehemalige Dompfarrkirche St. Ulrich. Dieser Sakralbau beherbergt heute das Diözesanmuseum. Bei der Ulrichskirche steht der Römerturm, der kein Kirchturm, sondern der Bergfried der angrenzenden herzoglichen Residenz war.

1923 wurde die staatliche Dombauhütte gegründet. Sie arbeitet seitdem an der Instandhaltung und Renovierung des Doms.

gotisierung im 19. Jahrhundert. Und die fast vollständig erhaltenen Buntglasscheiben der Kirchenfenster tauchen das Innere in mystisches Halbdunkel. Doch spätestens bei der Domführung wird die Fülle sehenswerter Kunstschätze bewusst (siehe auch den Textkasten auf den Seiten 34 bis 37).

Von der Südseite des Domplatzes aus überblickt man die ganze Südfassade

Die beiden Türme des romanischen Niedermünsters beim Dom St. Peter.

des Doms. Rechts davon, also östlich, sieht man die wohl nach 1225 – noch vor dem Dom – errichtete Dompfarrkirche St. Ulrich, heute der Sitz des Diözesanmuseums. Der Bauherr war möglicherweise der bayerische Herzog Ludwig I. „der Kelheimer" aus dem Haus Wittelsbach (1183 – 1231). Der an die Kirche anschließende 28 Meter hohe Römer- oder Heidenturm wirkt beim ersten Hinsehen wie der Kirchturm von St. Ulrich. Er war jedoch der Bergfried des benachbarten Herzogshofs, von dem aus er durch einen Schwibbogen über die Straße zum Domplatz erreichbar war.

Bei der Ostfassade des Doms liegt die Dombauhütte. Durch eine kleine Grünanlage zwischen Dom und Dombauhütte geht es zum Niedermünster. Die frühere Kirche eines adeligen Damenstifts und jetzige Dompfarrkirche zählt zu den ältesten Sakralbauten Regensburgs. Im 8. Jahrhundert wurde ein erster Vorgängerbau über dem bis heute erhaltenen Grab des heiligen Erhard (er starb um 700) errichtet. Der heutige Bau aus dem 12. Jahrhundert wurde innen in der ersten Hälfte des 17. Jahrhunderts barockisiert. Beim Kircheneingang sieht man die Tumbafigur (1631) der bayerischen Herzogin und Äbtissin Judith, die im 10. Jahrhundert den Bau des Niedermünsters vollenden ließ. Im Inneren der Kirche führt nach der Vorhalle eine Treppe links hinunter zum „document Niedermünster", das die Baugeschichte der Kirche, ihre Vorgeschichte und Reste des römischen Legionslagers zeigt.

Das Domviertel steht nämlich auf dem ältesten Teil der Stadt, dem 179 n. Chr. unter Kaiser Marc Aurel gegründeten „Castra Regina" (benannt nach dem Flüsschen Regen, der hier in die Donau mündet). Die Römerstraße zur Donau verlief mitten über den Platz, auf dem heute der gotische Dom steht. Dies

Der Silberaltar und die Spuren der Fugger

Zu den größten Sehenswürdigkeiten im Dom zählt der prächtige silberne Hochaltar im Hauptchor. Von 1696 bis 1787 entstand dieser Silberaltar, der sichtbar zu den wenigen barocken „Fremdkörpern" in der Bischofskirche gehört. König Ludwig von Bayern hatte nämlich darauf gedrängt, dass alle nachgotischen Ausstattungselemente entfernt würden, was von 1828 bis 1841 zu einer umfassenden „Purifizierung" des Doms führte. Alles, was nicht zum gotischen Stil passte, verschwand – mit Ausnahme der beiden Grabmäler des Kardinals Philipp Wilhelm von Bayern sowie des Erzbischofs Carl von Dalberg – und eben jenes Silberaltars.

Dieser Altar war eine Stiftung des Domkapitels und des Fürstbischofs Anton Ignaz Fugger von Kirchberg und Weißenhorn, der das Altarkreuz und sechs Silberleuchter schenkte. Auf das Grabmal des 1787 verstorbenen Fürstbischofs stößt man in der unterirdischen Grablege des Doms. Ein Gedenkstein hält dort alle Regensburger Bischöfe fest: Er zeigt, dass vor Anton Ignaz Fugger (1769 bis 1787) schon einmal ein Fugger Bischof von Regensburg war: Zwischen 1598 und 1600 war Sigmund Friedrich Fugger das Oberhaupt der Diözese.

Die Augsburger Vorfahren jener Fugger waren ein Grund für den Niedergang Regensburgs im 15. Jahrhundert. Jakob Fugger – er finanzierte sowohl Kaiser Maximilian I. als auch Karl V. und prägte von 1508 bis 1524 sogar Münzen der Päpste – war mit dem Firmensitz in Augsburg und einer Niederlassung im nahen Nürnberg gemeinsam mit weiteren Kaufherren dieser beiden führenden deutschen Handelsstädte der Frühen Neuzeit eine allzu übermächtige Konkurrenz.

Jakob Fugger „der Reiche" war der herausragende Vertreter der Linie der Fugger „von der Lilie" (so benannt nach ihrem Wappenbild). An die schon früher zu Reichtum aufgestiegene Familienlinie „vom Reh" (sie ging in Augsburg 1494 in Konkurs) erinnert eine Tafel am Erker der Kaiserherberge „Goldenes Kreuz" am Haidplatz. Das Relief zeigt einen Geharnischten mit den Allianzwappen Hans Thuners und seiner Frau Ursula Fugger von 1527, dem Jahr ihrer Eheschließung. Ursulas Vater Andreas ist seit 1520 als Kaufmann in Regensburg bekannt. Spuren der Fugger vom Reh findet man heute auch im Alten Rathaus.

Der Silberaltar im Regensburger Dom erinnert an einen der beiden Fugger, die hier Bischöfe waren.

belegt das nur wenige Schritte vom Dom entfernte Nordtor des römischen Kastells, die Porta Praetoria. Dieser Durchlass (einer von vormals zwei Torbögen) wurde 1887 wieder freigelegt.

Das römische Tor und der angrenzende Flankenturm wurden im Mittelalter in den Bischofshof – das Gebäudegeviert nördlich des Doms – eingebaut. Sie waren später ein Teil des bischöflichen

Das Niedermünster hat mehrere Vorgängerbauten. Der bayerische Herzog Heinrich I. veranlasste im 10. Jahrhundert den Neubau einer Basilika, die seine Witwe Judith vollenden ließ. Sie wurde Äbtissin des Damenstifts und hier neben ihrem Mann bestattet. Die Tumbafigur von 1631 zeigt die Herzogin mit der Kirche.

Nördlicher Abschluss der Bischofsstadt: die Porta Praetoria und ihr Flankenturm.

Sehenswert

❶ Dom: der bedeutendste Sakralbau der Gotik in Süddeutschland

❷ Ulrichskirche: erbaut ab zirka 1225, heute Sitz des Diözesanmuseums

❸ Römerturm: der auf älteren Teilen erbaute Bergfried des Herzogshofs

❹ Herzogshof: die Residenz der bayerischen Herzöge, Hauptbau von 1231

❺ Niedermünster: Mitte 12. Jahrhundert, vor 1650 innen barockisiert, Reste mittelalterlicher Ausstattung mit Grab des heiligen Erhard, Römerfunde

❻ Porta Praetoria: Teil des Nordtors des Römerkastells Castra Regina

❼ Bischofshof: das nördlich an den Dom angrenzende Gebäudegeviert

❽ St. Johann: 1380 erbaute Kirche

Blick vorbei am Gänsepredigtbrunnen auf die Arkaden des Bischofshofs, des früheren Bischofssitzes beim Dom.

Brauhauses. Die westlich anschließenden Befestigungsmauern des Römerkastells wurden im Mittelalter in den Bischofshof integriert. Der Bischofshof diente ab 975 als Residenz der Fürstbischöfe. Etliche Kaiser logierten hier. Der Nordflügel erhielt beim Umbau (um 1550) die eleganten Arkaden an der Hofseite. Im Südostflügel befindet sich heute das Domschatzmuseum.

Ein gotisches Tor führt vom Hof zum Krauterermarkt. Dort steht die 1380 errichtete Kirche St. Johann. Wie einst die Römerstraße musste auch ihr Vorgängerbau dem Neubau des Doms weichen. In der Kirche sieht man die „Schöne Maria" (Kopie) des Regensburger Malers Albrecht Altdorfer. Der Meister der Donauschule gilt neben Dürer und Leonardo da Vinci als einer der Begründer der Landschaftsmalerei.

Der Turm der kleinen Kirche St. Johann vom Krauterermarkt aus gesehen. Sie entstand 1380, nachdem ihr Vorgängerbau dem gotischen Dom weichen musste.

Ihr Weg zu Fuß

Ziel: Den Dom von außen sehen und ganz schnell sein Umfeld kennen lernen.

Zeit: Wenn man will, nur ein kurzer Spaziergang, der noch nicht einmal eine halbe Stunde dauern muss.

Man startet am Domplatz vor der Westfassade des ❶ Doms St. Peter und geht von dort aus Richtung Osten entlang der 85 Meter langen Südfassade des Doms. Hier sieht man bereits auf die ❷ Ulrichskirche, den direkt angrenzenden ❸ Römerturm und den durch einen Schwibbogen mit seinem ehemaligen Bergfried verbundenen ❹ Herzogshof, einer der frühesten erhaltenen Repräsentationsbauten Bayerns. Zwischen dem Ostchor des Doms und der Kirche St. Ulrich führt ein Fußweg links an der Dombauhütte vorbei zum ❺ Niedermünster. Vom Vorplatz der Kirche folgt man der hier zur Donau hin abfallenden Niedermünstergasse zur kleinen Straße Unter den Schwibbögen. Auf ihr geht es wenige Schritte nach links (zurück in Richtung Westen) – dann steht man vor der ❻ Porta Praetoria. Durch das römische Tor kommt man treppauf in den Innenhof des ❼ Bischofshofs. Von hier geht es durch das Portal im Westen über den Krauterermarkt vorbei an der kleinen Kirche ❽ St. Johann zurück auf den Domplatz.

Domführungen zu „Teufels Großmutter"

In Kirchen- und Stadtführern wirkt der Regensburger Dom immer hell und licht. Diese Helligkeit bewirkt allerdings die Kunst der Fotografen: In Wirklichkeit ist das Innere dieser Bischofskirche in ein mystisches Dunkel gehüllt. Bei den anderthalbstündigen Domführungen ist deshalb die Taschenlampe ein wichtiges Instrument zur Ausleuchtung der eben beschriebenen Sehenswürdigkeiten.

Dass der Dom nach dem Betreten zunächst einmal dunkel wirkt, wird durch seine berühmten mittelalterlichen und die bis in die jüngere Vergangenheit ergänzten bunten Glasfenster verursacht. Die ältesten sind die „Wurzel-Jesse-Fenster" im südlichen Querhaus. Die um 1230 (also noch vor Baubeginn des heutigen Doms) entstandenen Glasfenster zeigen unter anderem die Verkündigung, die Geburt Christi und die Kreuzigung. Mit Glasfenstern im Hauptchor wurde um 1310/20 erstmalig die Heilige Sippe – die Vorfahren Josefs und Marias – in der Glaskunst dargestellt. Eines der Wahrzeichen des Doms ist das Marienfenster (um 1350) im südlichen Seitenschiff: Maria flieht hier auf einem blauen Esel nach Ägypten. Zwar entstanden die meisten Dom-Glasfenster im 14. Jahrhundert, doch sind auch Kirchenfenster des 19. und 20. Jahrhunderts zu sehen.

Neben Hunderten bunt leuchtender Glasscheiben sticht auch der Silberaltar im Hauptchor sofort ins Auge, der als einer der wenigen barocken Ausstattungselemente die von Bayernkönig Ludwig I. betriebene Regotisierung des Doms überstand. 70 Prozent des Domschatzes wurden zur Herstellung dieses Silberaltars geopfert.

Eine Domführerin bringt Licht in das Dunkel und strahlt mit ihrer Taschenlampe des „Teufels Großmutter" an.

Kaum zu übersehen ist auch das Hochgrab des 1598 verstorbenen Kardinals Philipp Wilhelm von Bayern im Mittelschiff nahe dem Hauptportal. Andere Kunstwerke nimmt man dagegen erst wahr, wenn sich das Auge ans Dunkel gewöhnt hat oder die schon erwähnte Taschenlampe behilflich ist.

Dies gilt auch für die bedeutendsten Skulpturen des Doms – die um 1280 vom so genannten „Erminoldmeister" geschaffene Verkündigungsgruppe. Der „Lachende Engel" ist das bekannteste Wahrzeichen der Bischofskirche: Sein Lachen soll umso breiter werden, je länger man ihn anschaut. Dieser Engel Gabriel und sein Pendant, die Jungfrau Maria am Vierungspfeiler gegenüber, wurden um 1280 derart lebendig gestaltet, dass man heute vom „Barock der Gotik" spricht. Am nordöstlichen Vierungspfeiler sieht man übrigens die weit konventioneller gearbeitete Steinfigur des Petrus, die beinahe ein halbes Jahrhundert später entstand. Wenn sie

Ein Wahrzeichen des Doms ist der „Engel der Verkündigung" am westlichen Vierungspfeiler, der wegen seines breiten Lächelns auch der „Lachende Engel" genannt wird.

Eine Domführung verdeutlicht den Besuchern die Fülle der Kunstschätze: Die Glasfenster in der Bischofskirche zählen zu ihren Höhepunkten.

Eines der jüngeren Bauwerke des Domkomplexes ist das um 1518 entstandene Mortuarium, der Mittelgang des Doppelkreuzgangs. In dieser Begräbnisstätte des Domkapitels findet man zahlreiche Grabsteine, Epitaphe und steinerne Figuren.

Im Innenhof des östlichen Kreuzgangs: der Blick auf die Allerheiligenkapelle.

auch künstlerisch weit weniger bedeutsam sind, ist eine Domführung ohne den Hinweis auf die Figurengruppe des „Teufels und seiner Großmutter" am Hauptportal kaum denkbar. Ungeführt sind diese kleinen steinernen Dämonen im Dunkel nicht ganz einfach zu finden, zumal der Teufel mit Flügeln, Fischschuppen und Vogelkrallen auch als Fabelwesen (quasi als ein bayerischer

„Wolpertinger" des Mittelalters) durchgehen könnte. Was man im Halbdunkel ebenfalls leicht übersieht: die benachbarten, um 1325 entstandenen Reiterfiguren der Heiligen Georg und Martin, die fünf erhaltenen gotischen Baldachinaltäre des Doms oder den Brunnen im südlichen Seitenschiff, der am früheren Domplatz stand und womöglich römischen Ursprungs ist. Hell beleuchtet ist dagegen die erst 1987 entstandene unterirdische Bischofsgrablege, wo eine Gedenktafel die lange Reihe der Regensburger Bischöfe aufzählt.

Von der Bischofskirche leitet eine Domführung in den benachbarten Domkreuzgang. Der Weg führt am Eselsturm aus dem 11. Jahrhundert und an der Dombauhütte vorbei in den Doppelkreuzgang (11. und 12. Jahrhundert) mit dem dazwischenliegenden Mittelgang, dem „Mortuarium" (um 1518). Vor dem Neubau des heutigen Doms schloss dieser Komplex an einen Vorgängerbau der Bischofskirche an. Über den Kreuzgang kommt man in die Allerheiligenkapelle, die lombardische Bauleute als Mausoleum Bischof Hartwichs II. errichteten. Die freskengeschmückte romanische Kapelle (um 1160) ist ein Zentralbau mit quadratischem Grundriss, drei Apsiden und achteckiger Kuppel.

Erstmals 994 erwähnt wurde die zweite Kapelle am Kreuzgang, St. Stephan. Um 1070 entstand der heutige Bau, der in historischen Quellen „Alter Dom" genannt wird. Er ist die Hauskapelle des Bischofs. Man sieht einen ausgehöhlten Kalksteinblock-Altar, der möglicherweise sogar schon im 5. Jahrhundert entstand.

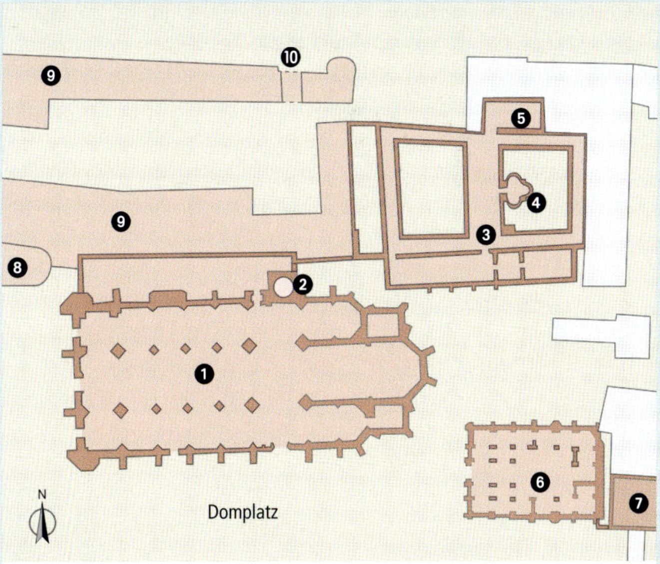

❶ Dom ❷ Eselsturm ❸ Kreuzgang ❹ Allerheiligenkapelle ❺ St.-Stephans-Kapelle ❻ St.-Ulrichs-Kirche ❼ Römerturm ❽ St. Johann ❾ Bischofshof ❿ Porta Praetoria

Zur Steinernen Brücke über die Donau: Spaziergang über ein „Weltwunder“

Vor allem zwei Bauwerke verkörpern den Aufstieg Regensburgs im Mittelalter: der Dom und die Steinerne Brücke. Letztere ist die älteste steinerne Brücke Deutschlands und galt seinerzeit als „Weltwunder“, wenn nicht gar als ein unbegreifliches Werk des Teufels. Keine andere Stadtansicht steht so sehr für die Reize des alten Regensburg wie das unverwechselbare Ensemble der Steinernen Brücke und des Brückturms zwischen zwei mächtigen Salzstadeln vor dem Hintergrund der beiden Domtürme.

Der Flussübergang über die Donau war einer der Gründe für den Aufstieg der reichen Handelsstadt Regensburg. Als Ersatz für einen früheren hölzernen Brückenbau entstand von 1135 bis 1146 die Steinerne Brücke. Sie war für lange Zeit der einzige befestigte Brückenbau zwischen Ulm und Wien.

Kein Wunder, dass sich viele Menschen des Mittelalters die älteste Steinbrücke Deutschlands nur als Teufelswerk vorstellen konnten oder sie wenigstens als „achtes Weltwunder“ empfanden. In Wahrheit basierte das von der Stadt finanzierte und vom Bayernherzog geförderte Bauwerk auf mittelalterlicher Ingenieurskunst. Auf einer Länge von 336 Metern überspannte die Steinerne Brücke ursprünglich mit 16 Rundbögen die Donau. Einer dieser Bögen wurde jedoch 1616 beim Bau des Brückturm und der ihn flankierenden Salzstadel verfüllt und ist nun nicht mehr sichtbar.

Bild oben: Die Vogelperspektive zeigt den geknickten Verlauf der Steinernen Brücke, den – so die Sage – der um seinen Lohn geprellte Teufel verursacht haben soll. Zeitgenossen sahen den Brückenbau als „Weltwunder“ oder als Teufelswerk.

Das Fundament dieser Brücke stand auf Eichenrosten über dem kiesigen Grund der Donau. Auf ihnen ruhen die Brückenpfeiler, die von bootsförmigen Wellen- und Eisbrechern, so genannten „Beschlächten“, umgeben sind. Diese Beschlächte erhöhen die Fließgeschwindigkeit der Donau und sorgen stromabwärts für die ebenso bekannten wie gefährlichen Regensburger Strudel. Dass der Schutz der Brücke

Regensburg von seiner schönsten Seite: Vor dem Hintergrund der Domtürme sieht man die Steinerne Brücke, den Brückturm sowie den Amberger Stadel (im Bild rechts) und den noch größeren Regensburger Salzstadel.

Der Blick von der Steinernen Brücke auf ein Beschlächt: Auf diesen bootsförmigen Fundamenten stehen die Brückenpfeiler geschützt vor Hochwasser und Eisstößen.

Der Ziehbrunnen bei der Doppelkapelle St. Georg in der Gasse Am Wiedfang vor dem massigen Amberger Stadel.

Tipps

Wurstküche: In der „Historischen Wurstküche" – der wohl ältesten Bratwurstküche der Welt – werden Würste auf offenem Feuer gebraten und mit Sauerkraut und „Kipferl" serviert. Im Salzstadel gleich nebenan bewirtet die „Wurstkuchl" (wie man sie hier nennt) mit umfangreicherer Speisekarte.

Museum: Im Brückturm-Museum wird die Geschichte der Steinernen Brücke erklärt: von April bis Oktober, Di – So, 10 – 17 Uhr. Mehr Infos erhält man unter Telefon 09 41/5 07-58 89 (www.dsmr.de).

Lese-Tipp für Kinder: „Die Teuflische Wette" heißt ein Regensburg-Comic der „edition buntehunde". Er erzählt kindgerecht die Brückenbau-Sage.

durch diese künstlichen Flussinseln sinnvoll ist, bewies 1784 ein Eisstoß. Der dadurch schwer beschädigte Mittelturm – der bis zu dieser Zeit über dem elften Brückenpfeiler stand – musste abgebrochen werden.

Ein weiterer Brückenturm stand auf dem nördlichen Donauufer. Dahinter begann (aus Regensburger Sicht) das feindliche Ausland: Bayern mit seinem Vorposten Stadtamhof. Der „Schwarze Turm" wurde 1809 nach der verlorenen Schlacht von Regensburg von den österreichischen Truppen beim Rückzug über den Fluss zerstört. Die gesamte Steinerne Brücke sollte kurz vor Ende des Zweiten Weltkriegs gesprengt werden: Glücklicherweise wurden damals lediglich zwei Bögen der romanischen Brücke zerstört.

Heute ist die jetzt 303 Meter lange Brücke eine beliebte Flaniermeile, denn seit 1997 ist sie für den Individualverkehr gesperrt. Ein von hier aus viel fotografiertes idyllisches Motiv ist der

zwischen zwei mächtigen Salzstadeln eingeklemmte Brückturm. Er ist von der Altstadt aus der einzige Zugang zur Steinernen Brücke. Im östlichen, achtgeschossigen Regensburger Salzstadel lagerte die Freie Reichsstadt das „weiße Gold". Der benachbarte Amberger Stadel diente zur Versorgung der Oberpfalz mit dem Salz, das aus Reichenhall und Berchtesgaden nach Regensburg verschifft wurde.

Die Stadtseite des Brückturms und des Salzstadels. In diesem Bau lagerte das „weiße Gold", das auf der Donau in die Freie Reichsstadt Regensburg verschifft wurde.

Ein Besuch der „Historischen Wurstküche" gilt für Besucher Regensburgs als Pflicht. Gegenüber liegt das „Weiße Lamm", in dem im 18. Jahrhundert Prominente wie Goethe, Mozart und Haydn nächtigten.

Sehenswert

❶ „Zum Weißen Lamm", ehemaliges Gasthaus, Fassade von 1795, Gedenktafel für Goethe, Mozart und Haydn

❷ Historische Wurstküche, die vielleicht älteste deutsche Wurstküche

❸ Salzstadel (erbaut 1616 bis 1620)

❹ Amberger Stadel (erbaut 1487)

❺ Brückturm: letzter von drei Türmen auf der Brücke (1648 erneuert)

❻ Steinerne Brücke: die älteste Steinbrücke Deutschlands (1135 bis 1146)

❼ „Bruckmandl" (mehrere Vorgängerfiguren, 1854 erneuert, heute Kopie)

❽ Kapelle St. Georg (12. Jahrhundert)

❾ Fischmarkt: ein Fischbrunnen erinnert an den Fischverkauf in der Stadt

Ansichten der Steinernen Brücke – mal vor einem Sonnenuntergang (oben), mal am frühen Morgen (rechts).

Nah bei diesem Ensemble findet man in einem 500 Jahre alten Häuschen die „Historische Wurstküche". Diese Einrichtung soll es schon viel länger geben – angeblich verköstigte sie bereits Bauleute, die an der Steinernen Brücke arbeiteten. Auf der gegenüberliegenden Straßenseite (Goldene-Bären-Straße) liegt der frühere Gasthof „Zum Weißen Lamm", in dem Goethe, Mozart und Haydn abstiegen. Eine Gedenktafel erinnert an diese Gäste. Die Fassade des ehemaligen Gasthofs stammt aus dem Jahr 1795.

Westlich des Amberger Stadels findet man im Gässchen Am Wiedfang Reste der ehemaligen romanischen Kapelle St. Georg aus dem 12. Jahrhundert. Das Portal und die Apsis sind noch erhalten. Davor steht ein Ziehbrunnen von 1610. Einen Fischbrunnen aus dem 17. Jahrhundert sieht man wenige

Das Bruckmandl und eine teuflische Wette

Am höchsten Punkt der Steinernen Brücke sitzt seit dem 15. Jahrhundert ein „Bruckmandl" auf der Brüstung und späht mit einer Hand über den Augen in Richtung Dom. Eine Lokalsage erzählt, dass die Steinfigur (die heutige entstand 1854, auf der Brücke steht nur eine Kopie) den Baumeister der Brücke darstellt.

Er soll seinerzeit mit dem Dombaumeister gewettet haben, wer von beiden als Erster mit seinem Bau fertig sein würde. Weil jedoch seine Sache nicht besonders gut aussah, versprach der Brückenbaumeister dem Teufel die ersten drei Seelen, die sein Bauwerk überqueren würden, wenn der ihm helfen würde. Und so schlug der Baumeister seinen Konkurrenten. Der unglückliche Dombaumeister soll sich in tiefster Verzweiflung vom Dom in den Tod gestürzt haben. Den Leibhaftigen aber prellte der nun von heftigen Gewissensbissen geplagte Brückenbaumeister doch um seinen Lohn: Als erste Lebewesen soll er nämlich einen Hund, eine Henne und einen Hahn über die fertiggestellte Brücke gejagt haben.

Der wütende und enttäuschte Teufel soll deshalb versucht haben, die mit seiner Hilfe errichtete Brücke wieder zu zerstören. Es sei ihm jedoch lediglich gelungen, sie in der Mitte leicht anzuheben und etwas zu verbiegen. So erklärten sich die Regensburger des Mittelalters die etwas kurvige Form der Steinernen Brücke… Den Pakt des Brückenbaumeisters mit dem Unaussprechlichen haben die Regensburger bildlich mit einem Hahnenrelief in der östlichen Brüstung der Brücke für die Nachwelt dokumentiert.

Den sagenumwobenen Baumeister der Steinernen Brücke haben die Regensburger als „Bruckmandl" verewigt.

Links: Der Brückturm – von der Brücke aus. Rechts: Der nahe Fischmarkt erinnert daran, dass am dortigen Brunnen einst lebende Fische verkauft wurden.

Schritte weiter westlich am Fischmarkt. Ein Geharnischter auf dem Pfeiler hinter dem Brunnengitter stützt sich mit der rechten Hand auf ein Stadtwappen, in seiner Linken zappelt ein Fisch: eine Erinnerung daran, dass an diesem Platz früher frischer Fisch verkauft wurde.

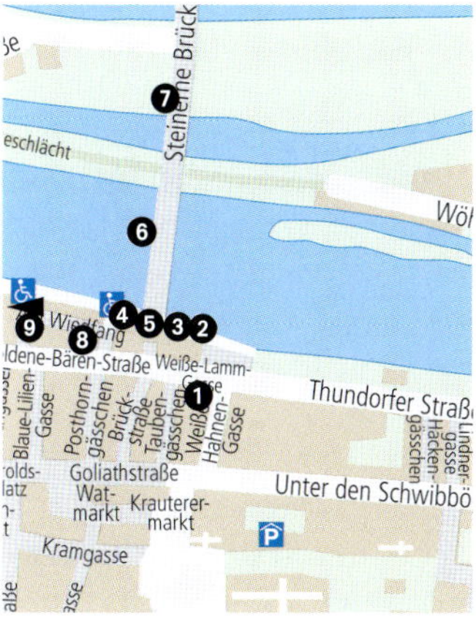

Ihr Weg zu Fuß

Ziel: Nach dem Dom den zweiten Höhepunkt Regensburgs kennen lernen.

Zeit: Eine halbe Stunde – wenn man sich nicht sofort zum Spaziergang auf der anderen Donauseite verlocken lässt.

Vom Dom aus geht man an St. Johann vorbei über den Krauterermarkt donauabwärts. Vorbei am ❶ „Weißen Lamm" und der ❷ „Historischen Wurstküche" kommt man zwischen dem ❸ Salzstadel und dem ❹ Amberger Stadel unter dem ❺ Brückturm hindurch auf die ❻ Steinerne Brücke. Wer auf der Brücke bis zu ihrem höchsten Punkt spaziert, steht dort vor dem ❼ „Bruckmandl". Geht man zur Stadtseite zurück, sieht man westlich des Amberger Stadels in der Gasse Am Wiedfang die Reste der romanischen Kapelle ❽ St. Georg (vor ihr ein Ziehbrunnen) und wenige Schritte weiter westlich den ❾ Fischmarkt mit dem Fischbrunnen.

Zu Herzögen, Bischöfen und Bürgern: Orientierung dank der schönen Plätze

Wer die Regensburger Altstadt noch nicht kennt, tut sich anfänglich schwer mit der Orientierung im engen Gassengewirr. Eine zentrale Prachtstraße hat das vom Mittelalter geprägte Zentrum nun mal nicht. Am besten bewegt man sich zunächst einmal von einem Platz zum anderen und stößt dabei nicht nur auf einige der schönsten Plätze Deutschlands, sondern lernt en passant die Herzogsstadt von der Bischofsstadt und der Kaufmannsstadt zu unterscheiden.

Egal, welche Broschüre oder welches Reisehandbuch man für einen ersten Gang durch Regensburg zu Rate zieht: Ein Problem haben alle gedruckten Stadtführer. Das enge Gassengewirr im „mittelalterlichen Wunder Deutschlands" ist derart verwinkelt, dass es üblichen Stadtplanformaten kaum erlaubt, auch nur annähernd alle Gassen und kleinen Plätze zu beschriften. Auch wenn die Altstadt nicht sehr groß ist: Vor allem in der Bürgerstadt westlich des Doms hat ein Neuling in Regensburg rasch die Orientierung verloren.

Ein Ausweg: Man „hangelt" sich von Platz zu Platz. Das hat nicht nur den Vorteil, dass man einige der schönsten Plätze Deutschlands entdeckt, sondern dass man – quasi im Spazierengehen – auch noch die historische Entwicklung Regensburgs nachvollziehen kann.

Denn Regensburg hat eigentlich drei Zentren: Die Stadt war seit 555 die Pfalz der bayerischen Herzöge (sie lag am Alten Kornmarkt) und damit Hauptstadt Bayerns. Dort war im 8. Jahrhundert zunächst auch der Sitz der

Bild oben: Die Dachlandschaft deutet die Enge der Altstadt an – Orientierung im Gassengewirr verschaffen die Plätze.

Der Herzogshof und der massige Römerturm am Alten Kornmarkt.

Bischöfe, bevor man die Bischofsstadt nach Westen an den heutigen Standort mit dem Dom und dem Bischofshof verlegte. Und seit dem 10. Jahrhundert entwickelte sich westlich des Doms eine immer reichere und selbst- wie machtbewusstere Bürgerstadt.

Auch wenn es heute anders aussieht: Der erste bedeutende Platz Regensburgs war nicht der Domplatz, sondern der östlich gelegene Alte Kornmarkt. Hier lag das Zentrum der spätantiken Römerstadt, und hier entwickelte sich

Der Blick über den Alten Kornmarkt auf Bürgerhäuser und das Niedermünster.

ab dem 6. Jahrhundert die Pfalz der Bayernherzöge. Seiner frühmittelalterlichen Keimzelle, entstanden über den Bädern des römischen Castra Regina, widmet Regensburg heute allerdings keine übertriebene Aufmerksamkeit. Der von Herzogshof und Römerturm, von der Alten Kapelle, der Karmelitenkirche und von Bürgerhäusern umgebene Platz dient überwiegend als schnöde Parkfläche.

Auch mit dem 998 erstmalig erwähnten Herzogshof gingen die Regensburger nicht sehr pfleglich um. Er war noch 1936 eine vierflügelige Anlage, die bis 1940 zugunsten eines Postgebäudes am Domplatz großteils abgerissen wurde. Erhalten ist nur noch der um 1213 errichtete Ostflügel der Pfalz mit dem teils sehr viel älteren Römerturm. Der auch Heidenturm genannte Bergfried, dessen Quader für das Untergeschoss im frühen Mittelalter aus römischem Baumaterial gewonnen wurden, war mit vier Meter dicken Mauern und einem Einstieg in neun Metern Höhe ein sicherer Hort für Schatzkammer, Archiv und Münzstätte.

Erst 1245 (als Regensburg zur Freien Reichsstadt wurde) gaben die seit 1180 in Bayern regierenden Wittelsbacher den Herzogshof als ihre Hauptresidenz auf. Davon profitierte in den folgenden Jahrhunderten vor allem München. Immerhin behielten die Wittelsbacher den Herzogshof noch bis zum Jahr 1803.

Gleich neben dem Herzogshof stößt man auf die Alte Kapelle, eine der ältesten und traditionsreichsten Kirchen Regensburgs. Der Legende nach hat hier die Christianisierung Bayerns begonnen, weil Bischof Rupert den Agilolfingerherzog Theodo samt Gefolge taufte. Belegt ist die Alte Kapelle aber „erst" seit 875, als sich König

Der freistehende Turm der Alten Kapelle (links) und eine der beiden romanischen Figuren an ihrem Hauptportal.

Schönstes bayerisches Rokoko zeigt das Innere der Alten Kapelle.

Ludwig der Deutsche, der von Regensburg aus Bayern und das ostfränkische Reich regierte, als Erbauer der Kirche festhalten ließ. Kaiser Heinrich II. ließ diese Kirche von Grund auf erneuern. Für den Bau der Alten Kapelle wurden Steine der römischen Stadtmauer verwendet. Dass die Alte Kapelle seit der Karolingerzeit besteht, sichert ihr eine einzigartige Kontinuität. Papst Paul VI. verlieh der altehrwürdigen Kirche 1964 darum den Titel einer „Basilica minor".

Schon das 1752 erbaute Hauptportal der Alten Kapelle deutet die lange Geschichte dieser Kirche an. Über dem Eingang ist nämlich eine Madonna von 1370 zu sehen, zu ihren Seiten lagert jeweils ein romanischer Löwe als Torwächter. Darunter sind in Nischen zwei romanische Figuren (entstanden um 1200) zu sehen, die als Teil einer Taufszene und als Beleg für die Taufe Theodos interpretiert wurden.

Die Taufe des Bayernherzogs zeigt im Inneren ein Fresko über der Orgelempore. Doch statt Romanik dominiert hier schönstes bayerisches Rokoko. 1747 erhielt die Kirche Bassgeigenfenster, feinste Fresken und Stuck. Das Ergebnis: jubelndes Rokoko, verschwenderische Formenfülle und ein überbordendes Bildprogramm.

Rechts und links der Madonna am mit Gold überladenen Hochaltar stehen die Figuren Kaiser Heinrichs II., der die vom Verfall bedrohte Alte Kapelle 1002 wiederherstellte, und seiner Frau Kunigunde – beide waren heiliggesprochen worden. Kurios ist die Figur einer Europa über dem nordöstlichen Oratorium, die hier nicht einen Stier, sondern ein Pferd reitet. Beinahe feingliedrig wirkt das Orgelgehäuse vom Ende des 18. Jahrhunderts. 1753 wurden die zehn Fresken über den Langhausarkaden gemalt, die das Leben des heiligen Kaiserpaars Heinrich und

Die Karmelitenkirche am Alten Kornmarkt.

Kunigunde zeigen. Ausgerechnet jener Heinrich II. schenkte die Alte Kapelle jedoch schon 1009 an das von ihm gegründete Bistum Bamberg, dem die Kirche bis 1803 gehörte. Die Alte Kapelle nimmt – von ihrem seit einem Teilabbruch im 12. Jahrhundert freistehenden Turm im Westen bis zum spätgotischen Chor im Osten – die gesamte Südseite des Alten Kornmarkts ein. Die Ostseite des Platzes wird von der barocken Fassade der Karmelitenkirche dominiert. Diese Klosterkirche wurde 1672 geweiht.

Der Schwibbogen zwischen Herzogshof und Römerturm trennt die Herzogs- von der Bischofsstadt.

Das Haus Heuport am Domplatz ist eines der bedeutendsten Bürgerhäuser der Stadt. Vor dem Rest seines einstigen Geschlechterturms steht der Adlerbrunnen.

An den Alten Kornmarkt schließt im Westen – nur vom kleinen Altdorferplatz zwischen der Ulrichskirche und dem Herzogshof getrennt – der Domplatz und damit die Bischofsstadt an. An der Südfassade des Doms vorbei kommt man am Ende des Platzes zur „Residenz". Das Palais war für sieben Jahre die äußerst kurzlebige Residenz des Fürstprimas Carl von Dalberg, der ab 1803 das Fürstentum Regensburg regierte. Eine Gedenktafel unter dem Balkon belegt, dass sich Napoleon 1809 nach der gewonnenen Schlacht von Regensburg gegen die Österreicher hier einquartierte. Schon 1810 schlug der Kaiser das Fürstentum Regensburg dem neuen Königreich Bayern zu.

An der Westseite des Domplatzes beginnt bereits die Kaufmanns- und Bürgerstadt. Hier steht das Haus Heuport – in einem der bedeutendsten Bürgerhäuser Regensburgs findet man heute das gleichnamige Restaurant sowie ein Hotel. In das Erstere kommt man über ein sehenswertes Treppenhaus: Hier stößt man auf die originelle Steinfigur der törichten Jungfrau, die sich lächelnd dem Teufel nähert. Auf dem Rücken des „Fürsten der Welt" sitzen eine Schlange, eine Ratte und eine Kröte. Der Hauptbau mit der Einfahrt, dem Treppenhaus und dem heute vom Restaurant genutzten Festsaal entstand um 1300. Den nördlichen Teil des Bauwerks mit dem spätromanischen Eckturm an der Kramgasse errichtete man wenig später. Reste dieses Turms sind noch erkennbar. Das Haus Heuport ließ der Hansgraf Karl Chratzer erbauen. Er war als der Schirmherr der Fernhandelskaufleute ein wichtiger Mann in der Stadt – der Bau entspricht seiner Bedeutung.

Vor dem Haus Heuport sieht man den Adlerbrunnen von 1566. Der auf einer

Der Blick vom Kohlenmarkt auf das Alte Rathaus und den Rathausplatz.

(Welt-)Kugel sitzende Reichsadler war ein symbolischer Gegenpol der Freien Reichsstadt zur Dominanz des Doms. Hier endet der Domplatz und grenzt an den Kraderermarkt an, bei dem die kleine Kirche St. Johann steht.

Die Kramgasse leitet vom Krauterer- zum Kohlenmarkt: Hier lag der erste große Marktplatz außerhalb der römischen Mauern. Apropos Mauern: Nach der Römerzeit war Regensburg die erste Stadt nördlich der Alpen, die aufgrund ihres starken Wachstums um das Jahr 920 mit einer neuen Mauer umgeben werden musste. Die Stadt wuchs damals in Richtung Westen. Genau hier entstanden jene beiden Plätze, die den Aufschwung, den Regensburg in den nachfolgenden Jahrhunderten erfuhr, am eindrucksvollsten belegen: der Rathausplatz und der nur ein paar Schritte davon entfernte Haidplatz.

Das Alte Rathaus ist ein mehrteiliger Gebäudekomplex, der über die Jahrhunderte entstand. Markanter Kern ist der um 1260 errichtete Rathausturm, der auch noch die höchsten Türme der Regensburger Patrizierburgen um ein paar Meter überragte. Links vom Turm führt der Weg durch das spätgotische Portal – über dem die beiden steinernen Geharnischten „Schutz und Trutz" wachen – in das Innere. Hier liegt der Aufgang zum Reichssaal, in dem von 1663 bis 1806 der „Immerwährende Reichstag" zusammenkam. Der Reichssaal, das Reichstagsmuseum und die „Fragstatt" mit original Foltergeräten sowie die Block- und Lochgefängnisse sind im besterhaltenen gotischen Rathaus Deutschlands zu sehen.

Weil sich der Reichstag im Rathaus breitmachte, baute man für den Rat der Stadt von 1660 bis 1662 ein neues barockes Rathaus an. Nach einem Brand wurde es von 1721 bis 1723 um einen südlichen Trakt erweitert. Östlich des barocken Anbaus liegt

Don Juan d'Austria: Retter des Abendlands

Eine einzige Regensburger Liebesnacht reichte aus, um den „Retter des Abendlands" entstehen zu lassen. So nannte man jedenfalls den 1547 geborenen Don Juan d'Austria – den unehelichen Sohn der Regensburger Gürtlerstochter Barbara Blomberg – bald nach der legendären Seeschlacht bei Lepanto. Die uneheliche Geburt war im Fall des Don Juan kein Makel: Denn sein Vater war schließlich der verwitwete Kaiser Karl V. – jener Habsburger, „in dessen Reich die Sonne niemals unterging".

Es war das Jahr 1546, als im seinerzeit bekanntesten deutschen Gasthof, dem „Goldenen Kreuz" am Haidplatz, die erst 18-jährige Gürtlerstochter Barbara Blomberg dem 46-jährigen Herrscher eine seiner vielen einsamen Nächte versüßte. Später sah die Regensburgerin den ständig durch sein Weltreich reisenden Habsburger nie wieder, doch exakt zum 47. Geburtstag des Kaisers am 24. Februar 1547 schenkte sie ihm einen Sohn.

Das uneheliche Kind eines Kaisers ist natürlich etwas ganz anderes als das eines Hinz oder Kunz. Und so war das Produkt dieser Liebesnacht am Haidplatz nur 24 Jahre später Kommandant der spanisch-venezianischen Armada, die am 7. Oktober 1571 bei Lepanto an der griechischen Küste die Kriegsflotte der Türken vernichtend schlug und somit – so sah man es damals – das christliche Abendland vor dem Untergang rettete. Begeistert vom siegreichen Seehelden von der Donau beauftragte die Stadt Messina – von dort waren die Kriegsschiffe Don Juans aufgebrochen – den Bau eines Denkmals. Don Juan d'Austria starb wenige Jahre später – an Land und an der Pest. Die Kopie seines Denkmals in Messina jedoch platzierte Regensburg anlässlich des 400. Todesjahrs des in Flandern und Spanien aufgewachsenen Siegers von Lepanto 1978 auf den kleinen Zieroldsplatz beim Alten Rathaus.

Eine Gedenktafel am Haus Tändlergasse/Ecke Kramgasse erinnert daran, dass Don Juan d'Austria hier geboren wurde. An seine Mutter Barbara (sie lebte bis 1597 und hatte weitere drei Kinder) denkt man vor allem dann, wenn man im Café „Prinzess" (Rathausplatz 2) „Barbaras süße Küsse" genießt. Diese Pralinen werden von hier aus in alle Welt verschickt.

Das Denkmal des Don Juan d'Austria am Zieroldsplatz erinnert an das Resultat einer Liebesnacht am Haidplatz.

Dollingers Kampf mit dem Riesen Krako

Bis zur epochalen Schlacht auf dem Lechfeld bei Augsburg im Jahr 955 waren die kriegerischen, heidnischen Ungarn für ihre Nachbarn längs der Donau eine ständige Gefahr. Von dieser Zeit erzählt die Sage vom Zweikampf zwischen dem Regensburger Hans Dollinger und dem ungarischen Riesen Krako auf dem Haidplatz.

Eine ungarische Delegation soll sich um 930 in Regensburg aufgehalten haben, um dort mit König Heinrich I. wegen eines Friedensvertrags zu verhandeln. Einer der Ungarn war Krako. Seine Rüstung war aus Elefantenhaut, und auf seinem Schild war der Teufel zu sehen. Krako verspottete die Ritter, denen er anbot, gegen zwei von ihnen auf einmal zu kämpfen. Dennoch war keiner so mutig, gegen den Ungarn zu fechten. Nun schlug die Stunde des einfachen Regensburger Bürgers Hans Dollinger. Er hatte den „Vorteil", nichts mehr verlieren zu können. Dollinger saß wegen Majestätsbeleidigung im Turm, die Hinrichtung war ihm sicher. Darum meldete er sich zum Zweikampf, für den man ihn begnadigte. Schon hatte Krako Hans Dollinger zweimal vom Pferd gestochen, als dem die Prophezeihung eines Geistlichen einfiel, dass er im Zeichen des Kreuzes siegen würde. Wie die Sache mit dem Kreuz genau ablief, dazu gibt es diverse Versionen. Klar ist jedenfalls: Dollinger hob den ungarischen Hünen aus dem Sattel.

Skulpturen (um 1300) des Zweikampfs zierten bis 1889 den Saal des Patrizierhauses der Familie Dollinger. Beim Abbruch des Hauses wurden Elemente des Saals ausgebaut, von den Figuren Stuckreliefs angefertigt. Sie sieht man heute im rekonstruierten Dollingersaal im Ostteil des Rathauses (zugänglich bei Veranstaltungen). Auch im Herzogssaal des Herzogshofs zeigt das Replikat eines Wandteppichs den sagenhaften Zweikampf.

Hans Dollingers Kampf mit Krako auf dem Wandteppich im Herzogssaal des Herzogshofs.

Die Kaiserherberge „Goldenes Kreuz" am Nordende des Haidplatzes. Hier lernte Kaiser Karl V. die schöne Regensburgerin Barbara Blomberg kennen.

der kleine Zieroldsplatz mit dem Denkmal für Don Juan d'Austria, den Sohn Kaiser Karls V. und der schönen Regensburgerin Barbara Blomberg. Über den Platz führt der Weg in jenen Raum des Alten Rathauses, in dem im Jahr 1964 Elemente des historischen Dollingersaals eingebaut wurden. Sie stammen ursprünglich aus einem abgerissenen Patrizierhaus. Stuckreliefs illustrieren hier die Sage vom Kampf des Regensburger Bürgers Hans Dollinger mit dem ungarischen Riesen Krako.

Der Hauptplatz Regensburgs aber ist – anders als in vielen Städten Europas – nicht der Rathausplatz, sondern der in Sichtweite liegende Haidplatz. Er entstand auf der grünen Wiese (Heide) und bekam durch eine Straßengabelung seine markante dreieckige Form.

Durch die Neue-Waag-Gasse kommt man vom Rathaus zur „guten Stube" der Bürgerstadt, um die sich zwei der schönsten Regensburger Geschichten ranken. An die folgenreiche Liebesnacht Kaiser Karls V. mit der Regensburger Gürtlerstochter Barbara Blomberg erinnert die ehemalige Kaiserherberge „Zum Goldenen Kreuz". Und ein Relief am Geschlechterturm der Patrizierburg aus dem 12. Jahrhundert bezeugt das uneheliche Ergebnis der Beziehung – den Seehelden Don Juan d'Austria. Enthüllt hatte dieses Relief 1863 Kaiser Franz Joseph von Österreich. So trutzig mittelalterlich die wuchtige graue Fassade aussehen mag – ihre heutige neugotische Form erhielt sie erst 1862.

Der Haidplatz hatte viele Funktionen: Er war Fest-, Richt- und Turnierplatz. Dort soll der Kampf des Regensburgers Hans Dollinger mit dem ungarischen Riesen Krako stattgefunden haben. Ein Schwert schwingt hier heute nur

1656 wurde der Justitiabrunnen auf dem Haidplatz errichtet. Den Hintergund für die Göttin der Gerechtigkeit bilden die Neue Waag und die Hauptfassade des aus zwei gotischen Bauten entstandenen Thon-Dittmer-Palais (links im Bild).

noch eine überlebensgroße Göttin der Gerechtigkeit: Sie steht auf dem Sockel des barocken Justitiabrunnens.

Steht man Auge in Auge mit der Göttin Justitia, bilden die rote Fassade der gotischen Neuen Waag (Haidplatz 1) sowie die gelbe Klassizismus-Fassade des Thon-Dittmer-Palais (Haidplatz 8) den Hintergrund. 1441 hatte der Rat der Stadt die Neue Waag erworben, um dort die Stadtwaage und die Herrentrinkstube einzurichten. Dort fand 1541 ein von Kaiser Karl V. einberufenes Religionsgespräch statt, an dem unter anderem Luthers Mitarbeiter Philipp Melanchthon teilnahm. Im Innenhof der Vierflügelanlage findet man zweigeschossige Renaissance-Arkaden.

Ebenfalls eine Vierflügelanlage ist das Thon-Dittmer-Palais, das 1809 entstand. Weil dieser Bau zwei ältere Häuser zusammenfasste, zeigt sein Innenhof Renaissance-Arkaden von 1583. Zur gotischen Bausubstanz gehört ein Uhrerker über dem Portal, in den ein Paar eingemeißelt ist: Ein bärtiger Alter kniet vor einem jungen Mädchen. Darunter steht die hölzerne Figur einer rosenbekränzten Frau, die mit einem Stundenglas in der Hand und einem Totenkopf zu ihren Füßen ein Symbol der Vergänglichkeit ist. Die Botschaft ist klar: Die Zeit verfliegt, und aus Jugend wird Alter.

Gegenüber diesem Palais – entlang der Südseite des Platzes – erstreckt sich die Arch, ein Patrizierhaus aus dem 13. Jahrhundert (Haidplatz 3/4). Im Vierflügelbau mit Elementen der Gotik und der Renaissance empfängt heute ein Hotel.

Über die Ludwigstraße – hier fällt der Ausleger der ehemaligen Elefanten-

Frühere Patrizierhäuser am Arnulfsplatz.

Apotheke auf – ist es wieder nur ein kurzer Weg zum westlich gelegenen Arnulfsplatz. Dort findet man den „Kneitinger", eine traditionsreiche und legendäre Brauerei-Gaststätte.

Von da ist es nur ein kurzes Straßenstück bis zum Bismarckplatz. Der Platz mit seinen zwei Springbrunnen fällt zum klassizistischen Theater von 1804 (Bismarckplatz 6/7) hin ab, das man nach einem Brand bis 1852 erneuerte. Hier steht heute das Stammhaus des Theaters Regensburg. Gegenüber, auf

Der Blick vom Portikus der französischen Gesandtschaft über den Bismarckplatz auf das gegenüberliegende Stadttheater.

Tipps

Übernachten: An den Plätzen liegen der „Bischofshof" (am Krauterermarkt), das Hotel „Herzog am Dom" und der „Kaiserhof" (am Domplatz), die „Arch" und das „Hotel Goldenes Kreuz" (am Haidplatz). Den Plätzen ganz nah sind das „Orphée" und das „Altstadthotel Am Pach" (beide Untere Bachgasse), „Roter Hahn" (Rote-Hahnen-Gasse) und „Münchner Hof" (Tändlergasse).

Gastro-Tipps: Im „Haus Heuport" speist man vom Feinsten. Sehr romantisch: der Innenhof im Sommer. Etwas versteckt in der Krebsgasse 6 beim Haidplatz liegt das Restaurant „Dicker Mann", einer der ältesten und wohl schönsten Gasthöfe Deutschlands (bekannt seit dem 14. Jahrhundert).

Süß: Das Café „Prinzess" (Rathausplatz 2) verwöhnt mit feinen Pralinen wie „Barbaras süßen Küssen" und „Don Juans Kanonenkugeln".

Café Wichtig: Im „Café Goldenes Kreuz" am Haidplatz wollen die Gäste sehen und gesehen werden.

Kult-Wirtschaft: Legendär – das Bockbier im „Kneitinger" am Arnulfsplatz.

Museen: Das Reichstagsmuseum ist nur bei Führungen zu sehen. Mehr dazu bei der Tourist-Info im Rathaus, Telefon 09 41/5 07 44 11, www.regensburg.de.

„document Neupfarrplatz": Infos zu Führungen bei Regensburg Tourismus, Telefon 09 41/5 07-34 13 und -34 17.

der höher gelegenen Südseite des Platzes, erkennt man von Weitem das klassizistische Präsidialgebäude von 1805, vormals das Palais des französischen Gesandten (Bismarckplatz 1, heute das Polizeipräsidium).

Gleich nebenan liegt der Albertus-Magnus-Platz mit der Dominikanerkirche St. Blasius. Sie wurde ab etwa 1240 gebaut und bis 1384 fertiggestellt. Diese Kirche ist nach dem Dom der bedeutendste gotische Sakralbau Regensburgs. Zum Portal kommt man durch eine kleine Grünanlage, in der man ein Denkmal für den Bischof und Heiligen Albertus Magnus entdeckt.

Vom Kornmarkt über den Domplatz, Krauterer- und Kohlenmarkt, Rathausplatz, Haidplatz und Arnulfsplatz reicht die jeweils nur durch eine kurze Gasse oder ein Stück Straße unterbrochene Kette der Plätze, die man nach Westen hin zum St.-Leonhards-Platz oder zum Nonnenplatz erweitern könnte. Um aber einen Rundgang zu absolvieren und dabei rasch zu einem weiteren zentralen Platz der Stadt zu kommen, spaziert man am besten vom Bismarckplatz über die Gesandtenstraße zurück nach Osten zum Neupfarrplatz.

Auf diesem Weg über die Gesandtenstraße kommt man an der Dreieinigkeitskirche vorbei. Sie wurde mitten im Dreißigjährigen Krieg erbaut – als der erste Neubau einer evangelischen Kirche in Regensburg (und einer der frühesten in Bayern). Im südlich direkt angrenzenden schmalen Kirchhof sieht man den Gesandtenfriedhof. Dort erinnern prächtige barocke Grabmäler

Die Neupfarrkirche am Neupfarrplatz – sie wurde zur ersten protestantischen Kirche Regensburgs. Im Hintergrund sieht man von hier aus schon den Dom.

an in der Stadt verstorbene Gesandte des „Immerwährenden Reichstags".

Vorbei am barockisierten gotischen Turmhaus des berühmten Regensburger Malers Albrecht Altdorfer (Obere Bachgasse 7) führt die Gesandtenstraße geradewegs zum Neupfarrplatz. Sein westlicher Abschluss markiert den einstigen Verlauf der römischen Mauer. Hier lag das jüdische Viertel, das 1519 zerstört wurde. Anstelle der früheren Synagoge erbaute man die Wallfahrtskirche „Zur schönen Maria". Die viel besuchte Wallfahrt galt als die größte des späten Mittelalters: In drei Jahren wurden 25 000 Messen gelesen. Die Reformation machte dem ein Ende: Die Kirche wurde 1542 zum ersten protestantischen Gotteshaus Regensburgs. Bis 1586 erbaute man nur den Chor und die beiden Türme. Erst 1863 wurde die Neupfarrkirche fertiggestellt.

Auf den bei Grabungen gefundenen Fundamenten der Synagoge gestaltete der israelische Künstler Dani Karavan einen „Ort der Begegnung". Unter dem Platz zeigt das „document Neupfarrplatz" die bei Ausgrabungen gefundenen Reste des jüdischen Viertels und des römischen Regensburg sowie den Luftschutzkeller aus dem Zweiten Weltkrieg.

Am Neupfarrplatz steht seit 1733 das schönste Rokoko-Palais in der Stadt. Als der Bauherr Hieronymus Löschenkohl in Konkurs ging, mietete es die sächsische Gesandtschaft am „Immerwährenden Reichstag". Auf dem nördlich an den Neupfarrplatz angrenzenden St.-Kassians-Platz sieht man die St.-Kassians-Kirche. Im Kern stammt sie aus dem 9. Jahrhundert. 1477 im gotischen Stil erweitert, erhielt dieser Bau bis 1760 eine Innenausstattung im Stil des Rokoko.

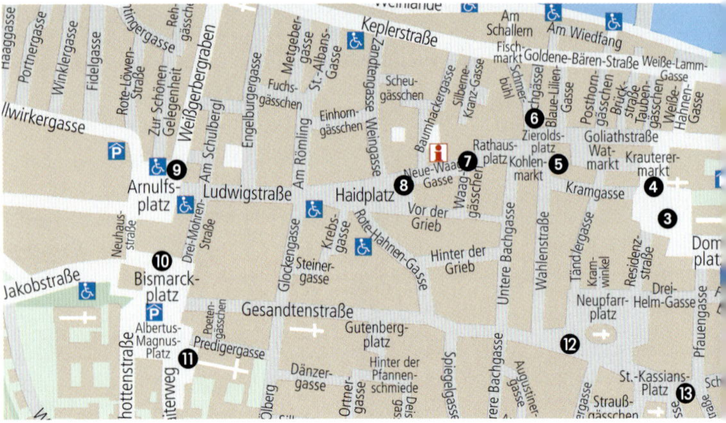

Ihr Weg zu Fuß

Ziel: Entlang der zentralen Plätze in der Stadt ganz schnell Orientierungspunkte in der Regensburger Altstadt finden.

Zeit: Kann man mit einem raschen Rundgang in einer Stunde bewältigen, aber auch fast beliebig lang ausdehnen.

Die Route startet auf dem ältesten Platz Regensburgs, dem ❶ Alten Kornmarkt: Hier sieht man den Herzogshof und den Römerturm, die Alte Kapelle und die Karmelitenkirche. Der Weg führt unter dem Schwibbogen des Römerturms hindurch über den kleinen ❷ Altdorferplatz (zwischen St. Ulrich und Herzogshof) zum ❸ Domplatz mit der „Residenz" und dem Haus Heuport, nach dem man vor dem ❹ Krauterermarkt nach links in die enge Kramgasse einbiegt (rechts liegen St. Johann und der Bischofshof).

Am Ende der Gasse kommt man über den ❺ Kohlenmarkt. Von hier aus sieht man schon den ❻ Zieroldsplatz mit dem Denkmal Don Juan d'Austrias und steht nach wenigen Schritten auf dem ❼ Rathausplatz mit dem Alten Rathaus (direkt beim Rathauserker findet man die Tourist-Information). Am Rathaus links vorbei führt die Neue-Waag-Gasse direkt zum dreieckigen ❽ Haidplatz, dessen Ostseite von der Neuen Waag gebildet wird. Die Südseite des Platzes dominiert die Arch, ein Patrizierhaus des 13. Jahrhunderts. Die elegante Hauptfassade des Thon-Dittmer-Palais (durch das Tor kommt man in seinen Renaissance-Innenhof) und der mächtige graue Komplex jener Patrizierburg, die als Kaiserherberge Goldenes Kreuz weit bekannt wurde, beherrschen die Nordfront des Haidplatzes.

Vom westlichen Ende des Haidplatzes folgt man der Ludwigstraße bis zum ❾ Arnulfsplatz, wo die Traditionsgaststätte „Kneitinger" zu Hause ist. Man überquert den Platz und folgt in Richtung Süden der Drei-Mohren-Straße beziehungsweise der parallel verlaufenden Neuhausstraße zum ❿ Bismarckplatz. Die Nordfront dieses Platzes bildet das Stadttheater. Gegenüber, auf der ande-

ren Seite des zentralen Springbrunnens, steht erhöht das Präsidialpalais (1805), gut erkennbar an den Portikus-Säulen. Von hier aus links, also östlich, kommt man am ⓫ Albertus-Magnus-Platz zum Denkmal für den namensgebenden Bischof und Heiligen sowie zum Portal der gotischen Dominikanerkirche.

Von hier aus geht es zurück auf den Bismarckplatz und von dort in Richtung Osten in die Gesandtenstraße. An dieser leicht gekrümmten Straße liegen die Dreieinigkeitskirche und der barocke Gesandtenfriedhof sowie das Wohnhaus Albrecht Altdorfers (Ecke Obere Bachgasse), in dem das „Erste Wiener Backhaus Schwarzer" seine speziellen „Kipferl" anbietet. Der Gesandtenstraße folgt man bis zum ⓬ Neupfarrplatz und der dortigen Neupfarrkirche. Hinter ihr sieht man schon die Domtürme und findet so den Weg zum Ausgangspunkt der Rundtour. Wer will, macht einen Abstecher zum entgegengesetzt liegenden ⓭ St.-Kassians-Platz: Namensgeber ist die barockisierte St.-Kassians-Kirche. Sie ist die älteste Bürgerkirche Regensburgs.

Sehenswert

❶ Alter Kornmarkt: Herzogshof und Römerturm, Alte Kapelle (erneuert 1002 bis 1004, innen Rokoko pur), Karmelitenkirche (1660 bis 1681)

❷ Altdorferplatz: St.-Ulrichs-Kirche, Herzogshof, davor der Altdorferbrunnen

❸ Domplatz: Dom und Ulrichskirche, die „Residenz" und das Haus Heuport

❹ Krauterermarkt: der Bischofshof und die Kirche St. Johann

❺ Kohlenmarkt: beim Alten Rathaus

❻ Zieroldsplatz: das Denkmal für Don Juan d'Austria (Kopie, 1978)

❼ Rathausplatz: Altes Rathaus, Reichstagsmuseum und Tourist-Information

❽ Haidplatz: Justitiabrunnen (1656), die Patrizierburgen Neue Waag und Goldenes Kreuz, Thon-Dittmer-Palais

❾ Arnulfsplatz: der „Kneitinger"

❿ Bismarckplatz: Stadttheater (erbaut 1803/04) und Präsidialpalais (1805)

⓫ Albertus-Magnus-Platz: Denkmal und Dominikanerkirche (ab zirka 1246)

⓬ Neupfarrplatz: Neupfarrkirche (ab 1519 erbaut), Löschenkohl-Palais

⓭ St.-Kassians-Platz: St. Kassian (885 erstmalig erwähnt, 1477 erneuert, von 1749 bis 1760 innen Rokokogestaltung)

Zu Mittelalter, Macht und Mythen: St. Emmeram und das Fürstenschloss

Der heutige Emmeramsplatz lag einst außerhalb der ersten Regensburger Stadtmauer. Trotzdem findet man hier eine der ältesten Kirchen Bayerns, die über 1200 Jahre alte Emmeramskirche, die fast tausend Jahre sakraler Kunst in ihren Mauern vereint. Diese Kirche gilt als „Nationalheiligtum" des frühen Bayern. Den Glanz der Fürsten Thurn und Taxis brachte ab 1748 der „Immerwährende Reichstag" in die Stadt. Das Fürstenhaus erhielt 1812 die Gebäude des säkularisierten Reichsstifts St. Emmeram. Der Baukomplex wurde im Lauf des 19. Jahrhunderts zum Schloss aus- und umgebaut.

Es ist äußerst schwer, St. Emmeram mit Worten zu beschreiben. Das einstige Benediktinerkloster, in dessen Zentrum die Emmeramskirche steht, sprengt auch im kirchenreichen und geschichtsträchtigen Regensburg jeden Rahmen.

St. Emmeram ist älter als jeder andere Regensburger Sakralbau – das Kloster wurde um die Wende vom 7. zum 8. Jahrhundert gegründet. In der Kirche St. Emmeram entdeckt man Bau- und sakrale Kunst aus beinahe tausend Jahren – von der Romanik bis zum Rokoko. Diese imposante Basilika gilt als ein „Nationalheiligtum" des frühen Bayern.

St. Emmeram entwickelte sich über dem Märtyrergrab des namensgebenden Heiligen. Der heilige Wolfgang, der Bistumspatron von Regensburg, fand hier ebenso die letzte Ruhe wie (bis zur Mitte des 12. Jahrhunderts) Regensburger Bischöfe. Auch Bayern-

Bild oben: Blick vom Emmeramsplatz auf das Pfarrhaus, die Portalwand vor dem Vorhof und den Turm von St. Emmeram.

herzöge und die letzten Karolingerkaiser ließen sich hier bestatten. Kaiser Arnulf von Kärnten errichtete nahe bei der Kirche seine Pfalz: Deshalb wurde St. Emmeram das „Aachen Bayerns" genannt.

Durch die zweischiffige Portalvorhalle führt der Weg in die Emmeramsbasilika. Romanische Fresken und Kalksteinreliefs (sie stellen Christus und die Heiligen Emmeram und Dionysius dar) sind hier zu besichtigen.

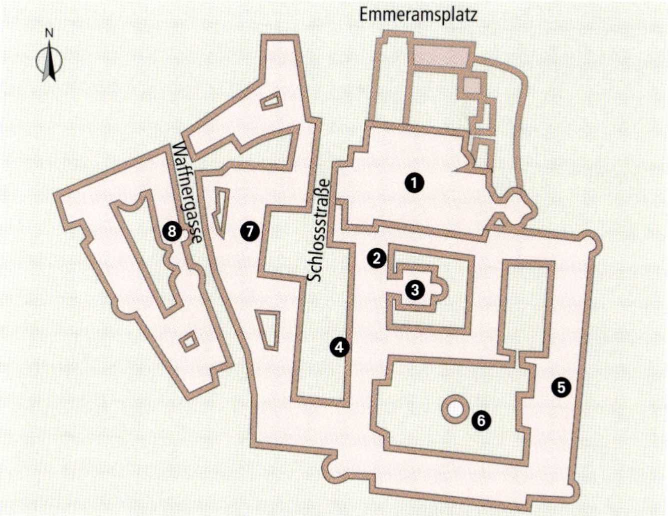

❶ Emmeramskirche ❷ Kreuzgang ❸ Fürstengruft ❹ Eingang Schlossmuseum ❺ Ostflügel/Schlossmuseum ❻ Schlosshof/Kurfürstenbrunnen ❼ Marstall/Marstallmuseum/Fürstliche Schatzkammer ❽ Neuer Marstall/Fürstliches Brauhaus

Im Vorhof von St. Emmeram: das Epitaph des „Aventinus"– er gilt als der „Vater der bayerischen Geschichtsschreibung".

Von 1336 bis zur Auflösung während der Säkularisierung im Jahr 1810 war das Kloster eine Reichsabtei und somit ein Staat im Stadtstaat. Zwischen 739 und 975 stellten die Äbte von St. Emmeram in Personalunion den Bischof von Regensburg, und ab 1732 besaßen sie den Rang eines Reichsfürsten. Als „Mutterkirche des Bistums Regensburg" wurde St. Emmeram 1964 zur päpstlichen Basilika ernannt.

Diese Bedeutung und seine lange Geschichte merkt man St. Emmeram auf Schritt und Tritt an. Architektur und Ausstattung der St.-Emmerams-Kirche wirken beim ersten Kennenlernen erschlagend und verwirrend, zumal

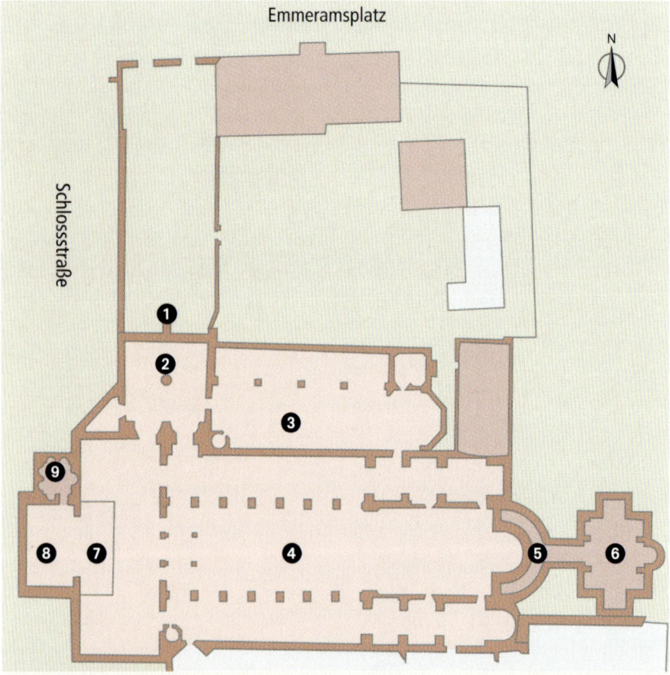

1 Doppelportal 2 Vorhalle 3 St.-Rupert-Kirche 4 Basilika 5 Emmeramskrypta 6 Ramwoldkrypta 7 Dionysiuschor 8 Wolfgangskrypta 8 Magdalenenkapelle

man hier auf alles andere als ein Bauwerk „aus einem Guss" oder einen einheitlichen Kunststil trifft. Zu allem Überfluss hat die einstige Reichsabtei heute auch noch zwei Besitzer.

Zur jetzigen Stadtpfarrkirche St. Emmeram gehören das nördlich davon liegende Pfarrhaus am Emmeramsplatz sowie der angrenzende Vorhof samt gotischer Portalwand. An der Südseite der Kirche schließen sich die früheren Stiftsgebäude an, die heute bereits zum fürstlichen Schloss gehören. Der romanisch-gotische Kreuzgang von St. Emmeram ist nur bei einer Schlossführung zu sehen.

Stichwort sehen: Nach der gotischen Portalwand am Emmeramsplatz (gleich daneben liegt die jedoch nur informell so genannte „Schlossstraße") sieht man an den Mauern des Vorhofs der Emmeramskirche mehrere Grabsteine. Rechts entdeckt man das Epitaph des Regensburger Humanisten Johann Turmair (1477 bis 1534). Er nannte sich nach seiner Heimatstadt Abensberg „Aventinus", gab 1523 die erste Landkarte Bayerns heraus und gilt heute als der „Vater der bayerischen Geschichtsschreibung".

Am Ende des Vorhofs stößt man auf die zweischiffige romanische Vorhalle. Sie stammt wie die St.-Rupert-Kirche, in die man durch ein Portal zur Linken kommt, aus dem 12. Jahrhundert. Die einstige Pfarrkirche des Benediktinerklosters wurde im 15. Jahrhundert erneuert, bis 1733 wurde St. Rupert im Inneren barockisiert. Thema des Deckenfreskos der St.-Rupert-Kirche ist eine weibliche Allegorie Bayerns im königlichen Hermelin, die mit ihrem Gefolge dem heiligen Rupert huldigt.

Der Blick in die St.-Rupert-Kirche, die ehemalige Pfarrkirche von St. Emmeram.

In der Mitte des Doppelnischenportals der Vorhalle: das bemalte Steinrelief des thronenden Heilands aus dem Jahr 1049.

Im nördlichen Seitenschiff der Emmeramskirche: die Grabplatte vom Hochgrab der 876 verstorbenen Königin Hemma.

Weitaus näher an die frühe Zeit des Klosters führt ein Blick von der Vorhalle geradeaus: Am romanischen Doppelportal von St. Emmeram sieht man in drei Mauernischen bemalte Steinreliefs. Sie stammen aus der Zeit um 1050, stellen in der Mitte Christus und neben ihm die Heiligen Emmeram sowie Dionysius dar. Diese Reliefs gehören zu den ältesten Bauplastiken Deutschlands. Die Türe links führt in das Langhaus der Emmeramskirche, rechts davon kommt man in den Westbau der Kirche und damit zur Wolfgangskrypta und zum Dionysiuschor.

Das Tafelbild der stillenden Madonna (um 1440) im nördlichen Seitenschiff.

Die Emmeramskirche ist eine dreischiffige Basilika mit drei Chören im Osten und einem Querhaus im Westen. Die Kirche ist rund 100 Meter lang, ihr Kirchenschiff 29 Meter und das westliche Querhaus knapp 35 Meter breit. Weil sich nördlich St. Rupert sowie im Süden der Kreuzgang und der Kapitelsaal anschließen, haben die beiden Seitenschiffe keine Fenster.

Über Treppenabgänge in den Nebenchören ist die Emmeramskrypta (im Rahmen von Führungen) zugänglich. Die 791 erstmals genannte Ringkrypta um das Grab des Heiligen unter dem Winterchor ist durch einen Gang mit der östlich angrenzenden fünfschiffigen – halb im Boden versenkten – Ramwoldkrypta verbunden. Zu den ältesten sichtbaren Bauteilen zählt eine Arkadenwand im nördlichen Chor aus dem letzten Viertel des 10. Jahrhunderts. Sie wurde unter Abt Ramwold errichtet, wobei wohl römische Steinquader verwendet wurden.

Ab 1049 entstanden das westliche Langhaus mit dem Dionysiuschor, die darunter liegende Wolfgangskrypta sowie die turmförmige (nicht zugängliche) Magdalenenkapelle. Die nahezu quadratische, fünfschiffige Wolfgangskrypta gilt als ein Höhepunkt deutscher

Raumkunst des 11. Jahrhunderts. 1052 wurden diese Bauten von Papst Leo IX. geweiht. Sie entstanden zeitgleich mit dem Doppelnischenportal der Vorhalle.

Heute trennt die barocke Orgelempore optisch eher unglücklich das Querhaus vom Mittelschiff des Langhauses und nimmt der mächtigen St.-Emmerams-Kirche viel von ihrer einstigen Raumwirkung. Ohnehin hat die 1731 be-

Einen der ältesten Teile von St. Emmeram entdeckt man im nördlichen Chor: Für die Arkadenwand, die unter Abt Ramwold errichtet wurde, sind wohl auch Bauteile aus römischer Zeit verwendet worden.

1049 begann der Bau am westlichen Querhaus. Den Dionysiuschor sowie die Wolfgangskrypta (im Bild) weihte Papst Leo IX. im Jahr 1052. Hier wurden die Gebeine des heiligen Wolfgang bestattet.

schlossene Barockisierung des Langhauses den Charakter der Kirche massiv verändert. Wohl weil der damalige Abt in den Rang eines Reichsfürsten erhoben wurde, sah man sich zu verstärkter Repräsentation veranlasst und beauftragte 1731 die Gebrüder Asam mit der Neugestaltung der Kirche im Stil des frühen Rokoko.

Cosmas Damian Asam malte das Hauptfresko im Mittelschiff. Es zeigt in drastischen Szenen, wie legendäre Märtyrer an der Stelle des späteren Klosters – dem im Volksmund so genannten Marterberg – von römischen Soldaten niedergemetzelt werden. Die Bilder über den Arkaden zeigen Motive vom Leben und Wirken des heiligen Emmeram. Dazwischen stellen Stuckfiguren von Egid Quirin Asam Kaiser Karl den Großen (auf der Nordseite), Kaiser Heinrich II. und acht Äbte des Benediktinerklosters dar.

Fast 20 Altäre und viele sehenswerte Grabdenkmäler sind in der Kirche zu besichtigen. Das beeindruckendste ist vermutlich die Grabfigur der Königin Hemma in der Wand des nördlichen Seitenschiffs. Dieses Idealbild der 876 verstorbenen Gemahlin Ludwigs des Deutschen – des ersten deutschen Königs – war früher farbig gefasst. Heute sind nur noch schwache Reste der einstigen Bemalung zu erahnen. Unweit davon sieht man das um 1440

Bild links: Das Mittelschiff des Langhauses wurde zwischen 1731 und 1733 gemeinsam mit dem Ostchor von den Gebrüdern Asam im Stil des Rokoko umgestaltet.

Tipps

Besichtigung der Basilika: St. Emmeram ist täglich zwischen zirka 8 und 18 Uhr geöffnet. Infos: Telefon 09 41/5 10 30 oder 5 99 92 54 (auch zu Führungen in die Emmerams- und Ramwoldkrypta). Mehr Infos: www.bistum-regensburg.de.

Schlossführungen: Zu bestimmten Stunden finden ganzjährig und täglich Führungen durch Schloss St. Emmeram sowie in den Kreuzgang statt. Infos zu den Öffnungszeiten: „Thurn und Taxis Museen", Telefon 09 41/50 48-1 33 oder im Web (www.thurnundtaxis.de).

Marstallmuseum: Die Öffnungszeiten sollte man jeweils ganz aktuell bei den „Thurn und Taxis Museen" erfragen.

Fürstliche Schatzkammer: Das Zweigmuseum des Bayerischen Nationalmuseums öffnet täglich außer Montag (11 – 17 Uhr). Gruppenführungen auf Nachfrage: Telefon 09 41/5 07-34 42.

Café: Das Museumscafé im fürstlichen Schloss ist täglich (10 – 18 Uhr) geöffnet (im Winter geschlossen). Infos unter Telefon 09 41/50 48-5 05 oder im Web (www.museums-cafe.de).

Bier und Brotzeit: Das „Fürstliche Brauhaus" im Neuen Marstall an der Waffnergasse verwöhnt mit fürstlichem Bier und bayerischen Spezialitäten. Täglich (11 – 23 Uhr) geöffnet.

Guide: Informativ – den Museumsführer „Fürstliche Museen Thurn und Taxis Regensburg" gibt es im Museumsshop.

Zwei Putti und ein Fürstenhut: Detail am fürstlichen Marstall – das „A" steht für Fürst Albert.

entstandene Tafelbild der stillenden Muttergottes.

Zurück zu den Grabdenkmälern: Das Grab des 899 verstorbenen Kaisers Arnulf ist ebenso durch eine barocke Inschrift gekennzeichnet wie das seines Sohns König Ludwig, genannt „das Kind". Die Hochgräber bayerischer Herzöge, der Heiligen Emmeram und Wolfgang und der historisch nicht belegbaren seligen Aurelia findet man im nördlichen oder südlichen Seitenschiff der Emmeramsbasilika. Die Epitaphe fast aller Äbte sind erhalten. Aus der Reihe figürlicher Gräber ragen der „Ölberg" und der „Marientod" des Regensburger Großkaufmanns Pfollenkofer und seiner Frau hervor. Den Stil der Renaissance zeigt das Epitaph des 1587 verstorbenen Patriziers Hans Thumer am nördlichen Emporenpfeiler.

Das prachtvollste Grabdenkmal aber ist das monumentale Epitaph für den 1773 verstorbenen kaiserlichen Prinzipalkommissar (den Repräsentanten des Kaisers beim „Immerwährenden Reichstag") Fürst Alexander Ferdinand von Thurn und Taxis. Er war seit 1748 der erste der Thurn und Taxis gewesen, die über drei Generationen und bis 1806 dieses Amt ausübten und den Kaiser in Regensburg vertraten. Zu ihrem für dieses Amt wegen seiner aufwändigen Repräsentationspflichten nötigen Reichtum waren die Thurn und Taxis nach 1490 mit der Organisation des Postwesens im Heiligen Römischen Reich Deutscher Nation gekommen. 1808 wurde die bis dahin vom Haus Thurn und Taxis betriebene Post in Bayern jedoch verstaatlicht.

Für seinen wirtschaftlichen Verlust wurde das Fürstenhaus Thurn und Taxis mit Grundbesitz entschädigt. Darunter waren auch die nach der Säkularisierung leer stehenden Gebäude des Klosters St. Emmeram.

„Glanz und Gloria" der Thurn und Taxis

Die Familie Tasso kam aus der Gegend von Bergamo. 1490 organisierte Franz von Taxis in Innsbruck das königliche Kurierwesen. Leonhard von Taxis wurde 1597 Generalpostmeister des Heiligen Römischen Reichs Deutscher Nation. Die Taxis-Post funktionierte sogar im Dreißigjährigen Krieg. Kurz nach dessen Ende nannte man sich Thurn und Taxis: Die Familie leitete ihren Stammbaum zusätzlich vom Mailänder Geschlecht der Torriani ab. Weil Frankreich die Spanischen Niederlande besetzte, verlegte Eugen Alexander von Thurn und Taxis 1702 die Postzentrale von Brüssel nach Frankfurt am Main. 1695 wurde er erster Fürst des Hauses.

Sein Enkel Fürst Alexander Ferdinand wurde 1748 Prinzipalkommissar – Stellvertreter des Kaisers auf dem „Immerwährenden Reichstag" in Regensburg. Über drei Generationen übten die Thurn und Taxis das äußerst kostspielige Amt aus: Sie waren dafür reich genug. Seit 1748 hatten die Thurn und Taxis am Emmeramsplatz residiert. Doch 1806 verloren sie mit dem Ende des Heiligen Römischen Reichs Deutscher Nation das Amt des Prinzipalkommissars wie das des Generalpostmeisters. 1808 wurde die Post in Bayern verstaatlicht. 1812 entschädigte das Königreich Bayern die Thurn und Taxis mit Immobilien, darunter die ungenutzten Stiftsgebäude von St. Emmeram. Sie wurden nun zur Hauptresidenz des Fürstenhauses.

Thurn und Taxis verbindet man heute mit „Glanz und Gloria". Mariae Gloria von Schönburg-Glauchau hat 1980 den 1990 verstorbenen Johannes Fürst von Thurn und Taxis geehelicht. Zwar ist ihr Sohn Albert II. seit seiner Volljährigkeit im Jahr 2001 Familienchef. Doch seine Mutter Gloria ist und bleibt der unangefochtene Medienstar.

Gloria Fürstin von Thurn und Taxis als Gastgeberin vor Schloss St. Emmeram.

Der Eingang zum Marstallmuseum und zur Fürstlichen Schatzkammer: Hier ist das Museumscafé, das in Regensburg auch „Café Gloria" genannt wird.

Die Emmeramskirche wurde zur Pfarrkirche. Sie blieb aber zugleich die Hauskirche des fürstlichen Hauses Thurn und Taxis.

Dem Lebens- und Wohnstil der Thurn und Taxis war das zwischen dem 10. und dem 18. Jahrhundert gewachsene Benediktinerkloster bald nicht mehr angemessen: Schon 1815 begann man deshalb mit den Umbauten. Von 1828

Das Thurn-und-Taxis-Schloss soll mehr Räume als selbst der Buckingham Palace in London haben. Hier der Blick durch den „Inneren Schlosshof" und über den Kurfürstenbrunnen auf den Ostflügel des Schlosses.

Hier startet die Schlossbesichtigung: Über das Marmortreppenhaus führt der Weg durch die Prunkräume.

bis 1831 entstand der dreiflügelige Marstall im klassizistischen Stil. Der Marstall, in dem sich 40 Bedienstete um 100 Pferde kümmerten, war einst einer der repräsentativsten Bereiche vieler Schlösser.

Im Nordtrakt des Marstalls zeigt seit 1998 die Fürstliche Schatzkammer (ein Zweigmuseum des Bayerischen Nationalmuseums München) unter anderem Gebrauchsgegenstände wie Service, Tafelsilber und Mobiliar, aber auch Prunkwaffen. Im Südtrakt und in der Reithalle befindet sich seit 1966 das Fürstliche Marstallmuseum. Hier sind rund 50 Kutschen und Schlitten sowie Pferdegeschirr (jedoch keine einzige Postkutsche) zu sehen.

Ende des 19. Jahrhunderts beschloss man, den alten Südflügel abzureißen und an seiner Stelle einen mächtigen neuen Trakt zu errichten. So entstand 1883 bis 1888 der riesige, 165 Meter lange Komplex im Stil der Neurenaissance. Das Fürstliche Thurn-und-Taxis-Schloss soll sogar mehr Räume haben als der Buckingham Palace der Queen. Nach seiner Errichtung beschrieben Zeitgenossen Schloss St. Emmeram als „eine der stolzesten Residenzen des Deutschen Reiches".

Beim Spaziergang ums Schloss sieht man ein wenig davon. Immer wieder ermöglichen Lücken im Baumbestand des nicht öffentlichen Schlossparks von der parallel zu dessen Südgrenze verlaufenden Fürst-Anselm-Allee reizvolle Einblicke. Die Allee mit 1500 Bäumen, die Fürst Carl Anselm von Thurn und Taxis 1779 bis 1781 entlang der abgebrochenen Stadtmauer anlegen ließ, war die Basis für diese öffentliche Grünanlage. Sie erhielt von 1804 bis 1806 ihre heutige Form. Das Fürst-Carl-Anselm-Monument im Park erinnert an den Gründer.

Der Ballsaal im Schloss – er wird auch der „Weiße Saal" genannt – ist einer der Höhepunkte der Schlossführung.

Zurück zum Schloss: Dort lohnt eine Besichtigung allemal. Der Gang durchs „Schloßmuseum" führt unter anderem in den inneren Schlosshof mit dem Kurfürstenbrunnen von 1579 in der Hofmitte. Im Schloss ist das Marmortreppenhaus ein erster Höhepunkt.

Im Balkonzimmer stößt man auf die Porträts der Kaiserin Elisabeth von Österreich und ihrer Schwester Helene, die ursprünglich als Gemahlin Kaiser Franz Josephs vorgesehen war. „Nene" heiratete dann später den Erbprinzen Maximilian Anton von Thurn und Taxis und wurde dadurch zur Schlossherrin in Regensburg.

Über das „Große Esszimmer" führt der Weg über eine Reihe wahrhaft fürst-

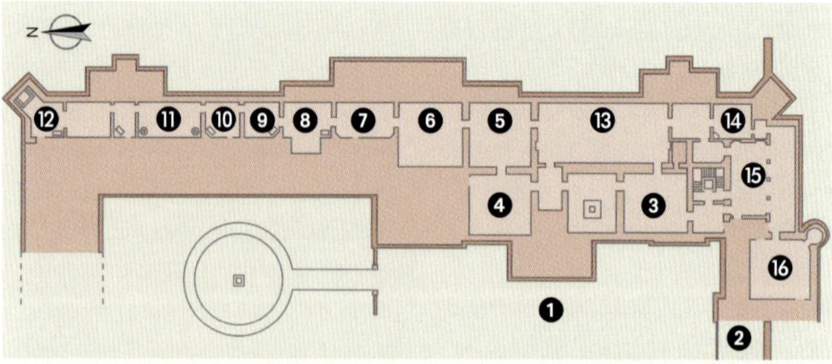

❶ Schlosshof ❷ Marmortreppenhaus ❸ Grünes Esszimmer ❹ Gobelinsalon ❺ Silbersalon ❻ Gelber Salon ❼ Spiegelsalon ❽ Grüner Salon ❾ Zar-Nikolaus-Salon ❿ Roter Salon ⓫ Magdalenensalon ⓬ Hauskapelle ⓭ Ballsaal ⓮ Thronzimmer ⓯ Wintergarten ⓰ Großes Esszimmer

lich eingerichteter Salons in die Hauskapelle im mit einem Fürstenhut bekrönten Eckturm des Ostflügels. Ihr Sohn – Fürst Albert – ließ das Sterbezimmer von Helene, der Schwester Kaiserin Elisabeths von Österreich, 1893 in die Kapelle integrieren.

Zu den Höhepunkten jeder Führung gehört der Rokoko-Festsaal (er wird auch „Ballsaal" oder „Weißer Saal" genannt). Der Saal wurde nach Fertigstellung des Südflügels eingerichtet. Im zweigeschossigen Saal wurden original Rokoko-Elemente aus dem Frankfurter Taxis-Palais mit der Neo-Rokoko-Ausstattung kombiniert – die elektrische Beleuchtung der Glaslüster war schon damals vorgesehen.

Im Festsaal finden offizielle Empfänge und Familienfeiern statt, und er dient zudem als Speisesaal. 1980 war hier die Hochzeitsfeier des letzten Fürstenpaars – Mariae Gloria und Johannes von Thurn und Taxis. Die Erstere ist seitdem eine ebenso prominente wie bei den Medien beliebte Schlossherrin. Fürstin Gloria avancierte zur „Königin" der Frauenzeitschriften und der Klatschpresse. Sie fuhr rasante Motorräder, schockte mit gewagten Frisuren und sorgte für illustre Gäste: Andy Warhol, Michael Jackson, Mick Jagger und Boris Becker wurden in Regensburg gesichtet. Seit sie nach dem Tod ihres Mannes das Management der Unternehmen des Hauses Thurn und Taxis energisch in die Hand nahm, wird sie aber auch als seriöse Unternehmerin betrachtet.

Im „Thronzimmer" erinnert der Thronsessel unter dem Baldachin an das kaiserliche Prinzipalkommissariat der Fürsten von Thurn und Taxis in den Jahren von 1748 bis 1806. Über den Wintergarten, der das Neurenaissance-Schloss des Südflügels mit dem älteren

In die mönchische Welt der Benediktiner versetzt die Besichtigung des Kreuzgangs von St. Emmeram (hier der Westflügel).

In der Fürst-Anselm-Allee entdeckt man nah beim Helenentor das Denkmal für Freiherr Heinrich Carl von Gleichen. Das Monument für den Stifter der Allee ist nur ein paar Gehminuten von hier entfernt.

Ostflügel verbindet, leitet eine Schlossführung zum „Großen Esszimmer". Hier sieht man unter anderem zwei Wappenteppiche und den Hochzeitsteppich von 1640, die bereits 1669 ein Testament von Graf Lamoral Claudius von Thurn und Taxis zum unveräußerlichen Familienerbe erklärte.

Nur nach Voranmeldung und für kleine Gruppen steht der barocke Bibliothekssaal des früheren Reichsstifts für Besichtigungen offen. 1812 waren die dortigen Fresken des Cosmas Damian Asam übermalt und erst 1967 wieder freigelegt worden. Mit seinen Fresken, seiner Einrichtung und 12 000 Bänden ist der „Asamsaal" das seltene Beispiel eines stilrein gestalteten Bibliothekssaals des Barock.

Der zweite Museumsbereich entführt in das Mittelalter und die klösterliche Welt der Benediktinermönche. Über den „Inneren Schlosshof" und die Vorhalle kommt man zum St. Emmeramer Kreuzgang. Dieser romanisch-gotische Kreuzgang mit Bauelementen vom 11. bis zum 14. Jahrhundert gehört zu den bedeutendsten Kreuzgängen Deutschlands. Zu den Höhepunkten der Besichtigung zählen die romanische Fenstergruppe im Nordflügel und das beeindruckende Benediktustor aus dem 13. Jahrhundert im Westflügel.

Von 1835 bis 1841 entstand im Kreuzgarten die Familiengrablege der Thurn und Taxis in Form einer neugotischen Gruftkapelle. Ihr architektonisches Vorbild waren die zweigeschossigen staufischen Burgkapellen in Nürnberg und Eger (heute: Cheb). Die Gruft unter dem lichtdurchfluteten Chor birgt 29 Sarkophage.

Das Schlossmuseum und den Kreuzgang erreicht man über einen eher

Die Fürst-Anselm-Allee führt entlang des Südflügels von Schloss Thurn und Taxis.

unscheinbaren Eingang in der Schlossstraße, nur wenige Schritte südlich der Kirche St. Emmeram. Kurz vor dem Eingang zum Museum zeigt eine Steintafel an der Fassade, dass sich dort seit dem Jahr 1919 die Fürstliche Notstandsküche befindet. Bis heute versorgt diese soziale Einrichtung des Fürstenhauses Tag für Tag bis zu 200 Bedürftige – von Arbeitslosen über Rentner und Studenten bis zu Asylanten – im barocken Speisesaal des Klosters mit einem kostenlosen warmen Mittagessen.

Fürstliche Gastronomie für Touristen findet man dagegen in Form eines Museumscafés im Hof des Marstallmuseums in der Schlossstraße. In der Schaubrauerei gebrautes Thurn-und-Taxis-Bier, bayerische Küche und einen sehr idyllischen Biergarten bietet das „Fürstliche Brauhaus" an der Waffnergasse. Am Ende dieser Gasse stößt man auf das Helenentor, das erst mit dem Schlossbau als historisierendes romantisches Element entstand. Nach dem Tor beginnt die von Fürst Carl Anselm Thurn und Taxis 1779 bis 1781 gestiftete Allee entlang der Südseite des Schlosses. Von hier aus sieht man im Schlosspark das Emmeramer Tor aus dem 13. Jahrhundert. Es ist ein authentisches Relikt der Stadtmauer.

Die Fürstliche Notstandsküche gibt täglich bis zu 200 warme Mahlzeiten aus.

Sehenswert

❶ Emmeramsplatz mit dem Pfarrhaus von St. Emmeram und einem Judenstein in einer Hauswand neben der Bruderhauskirche

❷ St. Emmeram – Benediktinerabtei (8. bis 18. Jahrhundert), 1731 bis 1733 barockisiert; Rupertuskirche aus dem 12. Jahrhundert, 1759 barockisiert

❸ Marstall (1828 bis 1831), heute der Standort des Marstallmuseums und der Fürstlichen Schatzkammer

❹ Fürstliches Schloss St. Emmeram, Eingang zu den Schlossführungen im Schlossmuseum über die Schlossstraße, Südflügel Ende des 19. Jahrhunderts, Kreuzgang (11. bis 14. Jahrhundert) mit neugotischer Fürstengruft

❺ Helenentor, ein historistisches, spät-romantisches Stadttor, daneben (schon im Schlosspark) das Emmeramer Tor, ein Stadttor des 13. Jahrhunderts

❻ Fürst-Anselm-Allee – mit einem Denkmal für Freiherr von Gleichen, Fürst-Carl-Anselm-Monument, Kepler-Monument, Wegsäule am Petersweg

❼ Obermünster, Turm und Reste eines der drei reichsunmittelbaren Klöster in der Stadt Regensburg

❽ Dörnberg-Palais (1805 errichtete Gartenvilla von Emanuel d'Herigoyen) und Dörnberg-Park, 1864 bis 1867 angelegter englischer Landschaftsgarten, Monument für Reichsgraf Görtz

Ihr Weg zu Fuß

Ziel: Einen Spaziergang ums Schloss absolvieren – und dabei ein bisschen darauf hoffen, dass man ganz zufällig Fürstin Gloria begegnet.

Zeit: Schnell durch die Kirche und dann rund ums Schloss – das lässt sich auch in einer Stunde machen. Mit den hier möglichen Museumsbesuchen dauert es jedoch viel, viel länger.

Man startet am ❶ Emmeramsplatz. Von hier aus wählt man den Weg durch die gotische Portalwand beim Pfarrhaus und kommt so über den Vorhof zum Doppelportal der ❷ Emmeramskirche. Nach der Besichtigung empfiehlt sich der kleine Ausgang zur Schlossstraße.

Dort stößt man rechts auf den Eingang zum ❸ Marstall und zu den dortigen „Thurn und Taxis Museen". Nur ein paar Schritte weiter sieht man auf der linken Straßenseite den Eingang zum fürstlichen ❹ Schloss St. Emmeram, hinter dem die Schlossführungen beginnen.

Am Ende der Schlossstraße kommt man durch einem Torbogen hindurch (oder gleich über die parallel verlaufende Waffnergasse zwischen Marstall und Neuem Marstall) zum historistischen (mitnichten historischen) ❺ Helenentor. Nach dem Helenentor folgt man dem Fußweg nach links, also der Richtung nach Osten. Hier spaziert man durch die ❻ Fürst-Anselm-Allee. Gleich zu Beginn stößt man dort auf das Denkmal für Freiherr Heinrich Carl von Gleichen. Eine ägyptische Sphinx mit einem Rad

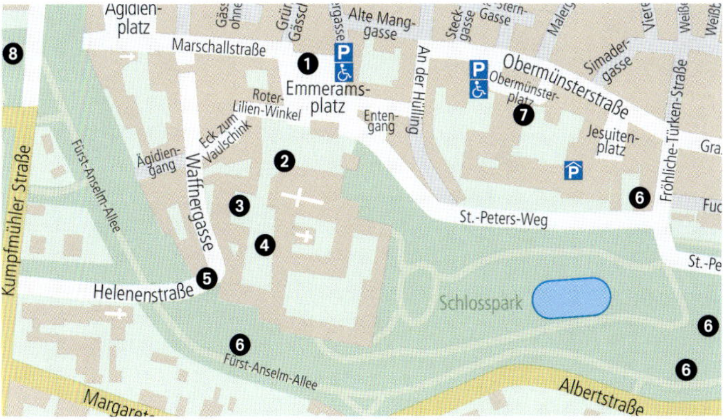

ruht auf einem hohen Sockel – 1807 wurde dieses Denkmal vermutlich nach dem Entwurf von Emanuel d'Herigoyen, dem Hofarchitekten des Fürstprimas Carl von Dalberg, errichtet.

Hinter der Parkmauer sieht man das historische Emmeramer Tor und in der Folge – jeweils durch Parkbäume hindurch – immer wieder einmal Teile der Schlossfassade und des Schlossparks. Folgt man dem Gehweg durch die Allee (ständig entlang der Grenze des Schlossparks), kommt man zum Obelisken, der den Stifter der Allee – Fürst Carl Anselm von Thurn und Taxis – ehrt. Gleich nach diesem Monument biegt der Weg nach Norden zum Kepler-Monument – einem Tempelchen mit der Büste (Kopie) des Astronomen – ab. Beide Denkmäler entwarf 1806 Emanuel d'Herigoyen. Bei der nachfolgenden Predigtsäule (1459) biegt man wieder nach Westen ab und kommt über den St.-Peters-Weg zurück zum Emmeramsplatz.

Entlang der Route sind zwei Abstecher möglich. Einer führt vom Emmeramsplatz (alternativ vom St.-Peters-Weg) über die Fröhliche-Türken-Straße und die Obermünsterstraße bis zum Obermünsterplatz. Dort erinnern die Reste der einzigen im Zweiten Weltkrieg zerstörten Regensburger Kirche an eines der drei reichsunmittelbaren Klöster in der Stadt. Wie St. Emmeram und das Damenstift Niedermünster war auch das Damenstift Obermünster bis 1806 ein eigener Kleinstaat. Der ❼ Turm des Obermünsters ist ein markantes Relikt.

Ein zweiter Abstecher leitet nach dem Helenentor beim Schloss über die anschließende Helenenstraße (man quert an ihrem Ende die Kumpfmühler Straße) zum westlich gelegenen ❽ Dörnberg-Palais (es entstand im Jahr 1805) und zum gleichnamigen Park. Am Nordende des Parks findet man ein Monument für Graf Johann Eustach von Schlitz-Görtz. Er war preußischer Gesandter beim „Immerwährenden Reichstag" und erwirkte 1801 den Abzug französischer Truppen aus Regensburg, wofür ihm die notleidende Bevölkerung sehr dankbar war. Architekt Leo von Klenze und Bildhauer Ludwig Schwanthaler schufen sein Denkmal 1824.

Im Westen der Altstadt: der Weg zum rätselhaften Schottenportal

Ein Spaziergang durch die westliche Altstadt führt zwar zum Theater von Regensburg, und man findet hier die nach dem Dom perfekteste gotische Kirche Regensburgs sowie den Heiligen Albertus Magnus, eine der frühesten evangelischen Kirchen der Stadt und Reste der Stadtmauer. Doch der unbestrittene Höhepunkt dieses Stadtviertels und eine der ganz großen Sehenswürdigkeiten des an Sehenswertem gewiss nicht armen Regensburg ist das rätselhafte romanische Schottenportal der Jakobskirche.

Um das Jahr 920 ließ Herzog Arnulf die neu entstandene Kaufmannsstadt westlich des Doms ummauern. Sie schloss den Kohlenmarkt, den Rathausplatz und den Haidplatz ebenso mit ein wie das Kloster St. Emmeram. Als „Boomtown des Mittelalters" wuchs Regensburg jedoch noch weiter nach Westen – entlang der Donau bis zum Prebrunntor von 1293, das bis zum Ende des 18. Jahrhunderts der westlichste Punkt der Stadtgrenze blieb.

Der Weg zum Prebrunntor lohnt sich – nicht nur, weil man von dort aus die Aussicht auf die Donau und die Altstadt genießt, sondern auch, weil man hier zudem an etlichen Sehenswürdigkeiten des alten Regensburg vorbeikommt. Gleich neben dem alten Stadttor liegen zum Beispiel das 1804 bis 1806 erbaute Württembergische Palais (Prebrunnstraße 4) – heute der Sitz des Naturkundemuseums – sowie der romantische Herzogspark mit einer Bastion der Stadtbefestigung aus der Zeit des Dreißigjährigen Kriegs.

Bild oben: Liegende Löwen bewachen das rätselhafte romanische Schottenportal der Jakobskirche.

Auf dem Weg vom Stadtzentrum nach Westen führt kein Weg an der Jakobskirche mit dem rätselhaften Schottenportal vorbei. Wandernde Mönche aus Irland – sie wurden damals „Scoti" genannt – waren um 1070 in die Stadt gekommen. Um 1090 legten sie hier den Grundstein für ein Kloster. Die beiden Osttürme der Jakobskirche stammen noch vom 1120 errichteten ersten Kirchenbau.

Regensburgs große Sehenswürdigkeit am Rand der westlichen Altstadt: Am reich verzierten Schottenportal mit seinen 15 Metern Breite und acht Metern Höhe zählt man über 150 Figuren. Es soll rund 70 Auslegungen der in dem romanischen Portal verborgenen Symbolik geben.

Die Säulen der Steinbalustrade im Chor der Jakobskirche stammen aus dem nicht zugänglichen Kreuzgang des Klosters.

Vergessene Bildsymbolik: Tierreliefs über einer Rundstütze und am Portal (rechts).

Bereits um 1150 bis 1195 entstand ein zweites, größeres und festeres Gotteshaus – und mit ihm das rätselhafte Schottenportal. Die romanische, von Skulpturen und Ornamenten übersäte riesige Portalwand nimmt rund ein Drittel der Nordfassade des Langhauses ein. Horizontal wie vertikal dreigeteilt, waren die in diesem Portal versammelten Symbole für die Regensburger des Mittelalters eine Art Bilderbuch. Menschen späterer Jahrhunderte wurde die Bildsprache der Mönche von der „Grünen Insel" zunehmend fremd.

Man sollte nicht irritiert sein, wenn man in Stadt- oder Kunstführern abweichende Interpretationen der Reliefs des bühnenbildartigen Portals findet. 70 Erklärungsversuche dieser 15 Meter breiten und acht Meter hohen Portalwand mit 154 Figuren soll es geben. Einig scheint man sich im Grundsatz zu sein, dass das Schottenportal das Weltgericht und den Kampf zwischen Gutem und Bösem, zwischen Christus und Antichrist, Kirche und Irrglauben, Tugend und Laster darstellt. Zentrum des Portals ist das Tympanon über dem Tor, das Christus und die Apostel Jakobus und Johannes zeigt. Bewacht wird die Szene von Löwen und Löwinnen, die rechts und links davon sitzen. Über dem Torbogen erscheinen der Heiland und die zwölf Apostel zum Jüngsten Gericht, daneben Papst und Kaiser (in anderen Interpretationen Karl der Große und Erzbischof Patrick) als Vertreter der obersten geistlichen und weltlichen Instanzen.

Östliche Zentralfigur – vom Betrachter aus gesehen links – ist eine (verstümmelte) Maria mit dem Kind, neben ihr sind menschliche Figuren (oder auch Geister) und darunter ein Drache zu entdecken. Auf der anderen Seite sieht man den Antichristen, gerahmt von feindseligen Tiergestalten. Unter ihnen taucht erneut ein Drache auf.

Außen Gotik, innen Barock: St. Oswald am Weinmarkt – davor der Eiserne Steg.

Abseits aller Interpretationen scheint eines klar zu sein: Entgegen früherer Annahmen dürfte das Schottenportal aus einem Guss errichtet worden sein.

Um den Stein des einzigartigen Kunstwerks zu schützen, wurde 1999 eine transparente Vorhalle errichtet.

Durch Vorhalle und Portal kommt man in die Jakobskirche und findet gleich am Eingang links (also östlich) das querliegende Steinrelief des Mönchs Rydan, der hier als Pförtner mit Türriegel und Schlüssel seinen Dienst tut. Andere Mönche des Mittelalters zogen bis nach Irland oder Kiew, um Spenden für den Bau des Regensburger Klosters zu erbitten. Mit Schenkungen verbunden waren zudem die Grabstätten, die für prominente Mitmenschen in der Jakobskirche bestimmt waren. Und so wurde St. Jakob im 12. Jahrhundert reich – und schön. Auch die Steinbalustraden im Chor, die aus Säulen des ehemaligen Kreuzgangs zusammengesetzt wurden, zeugen davon.

Romanische Baukunst vom Feinsten zeigen überdies die Kapitelle der Rundstützen im Langhaus der Kirche. Ein Adler mit weit ausgebreiteten

Eine Kult-Wirtschaft ist der legendäre „Kneitinger" (links) am Arnulfsplatz.

Schwingen, ein Vogelmensch, ein Tiermensch mit geflochtenem Bart, Krokodile mit verknoteten Schwänzen und ein schweifschwingender Löwe sind im Wechsel mit Pflanzenmotiven zu sehen. Weiter unten stützen niedere Tiere und Köpfe mit Knollennase und bleckenden Zähnen die Basen der Eckpfeiler. Der Mönchschor ist an schlichten Rechteckspfeilern zu erkennen.

Wertvollste Kunstwerke der dreischiffigen Basilika mit einer Empore über dem gesamten Querbau im Westen sind eine Kreuzigungsgruppe des späten 12. Jahrhunderts im Chorbogen, die steinerne Figur des Kirchenpatrons St. Jakob (um 1310/1320 entstanden) sowie eine Strahlenkranzmadonna (um 1360). Die ganze Schottenkirche St. Jakob strahlte jedoch weit über die Grenzen Regensburgs aus. Sie gilt nicht nur als ein Hauptwerk süddeutscher Hochromanik. Das Regensburger Schottenkloster wurde außerdem zum Mutterkloster für alle irischen Klöster in Deutschland und Österreich.

Das Denkmal für den Heiligen Albertus Magnus bei der Dominikanerkirche.

Für die stilistische Vielfalt der Kirchen Regensburgs stehen auch in diesem Teil der Altstadt weitere Sakralbauten.

Die nach dem Dom wichtigste gotische Kirche Regensburgs ist die Dominikanerkirche St. Blasius.

1803/04 entstand das Regensburger Stadttheater, bis 1852 wurde es erneuert.

Die Dominikanerkirche St. Blasius ist die stilreinste gotische Kirche in der Stadt. Diese dreischiffige Basilika entstand zwischen 1246 und dem späten 14. Jahrhundert. Sie ist jedoch nur eingeschränkt zu besichtigen. Vor dem Kirchenportal – auf dem Albertus-Magnus-Platz – steht das Denkmal des namensgebenden Heiligen. Dieser Universalgelehrte, die herausragende Persönlichkeit unter den Regensburger Dominikanern, wirkte hier von 1237 bis 1240. 1260 bis 1262 war Albertus Magnus Bischof von Regensburg.

Das mittelalterliche Prebrunntor steht am westlichen Rand der Altstadt.

Im Württembergischen Palais im Herzogspark residiert das Naturkundemuseum.

Barock zeigt sich die 1316 erstmals erwähnte Spitalkirche St. Oswald (Weißgerbergraben 1) im Inneren. Die seit 1553 evangelische Kirche markiert den Verlauf der einstigen Stadtmauer. An ihrer Südseite steht noch ein Wohnturm des frühen 13. Jahrhunderts.

1233 gründeten Dominikanerinnen das Kloster Heilig Kreuz. Ein romanisches Kreuz im Hochaltar ihrer Kirche war 1244 namensgebend. Von 1742 bis 1751 wurde der schlichte gotische Bau in feinstem Rokoko ausgestattet. Gold und satte Farben dominieren jetzt das Kircheninnere. Die Adresse der Kirche – „Am Judenstein" – leitet sich von einem nahen jüdischen Grabstein ab, den der berühmte Regensburger Maler und Ratsherr Albrecht Altdorfer dorthin versetzt haben soll. Hier stand früher Altdorfers Garten- und Atelierhaus.

Tipps

Öffnungszeiten der Kirchen: Infos zu den Öffnungszeiten der Schottenkirche St. Jakob, zur Dominikanerkirche St. Blasius und zur Dominikanerinnenkirche Heilig Kreuz erhält man im Web unter www.bistum-regensburg.de oder www.bistumsmuseen-regensburg.de.

Theater Regensburg: Das Stadttheater am Bismarckplatz ist die Hauptspielstätte des Theaters Regensburg. Mehr Infos: www.theaterregensburg.de.

Museum: Das Naturkundemuseum (Am Prebrunntor 4) ist Mo 9 – 12 Uhr, Di – Fr 9 – 16 Uhr und So 10 – 17 Uhr geöffnet. Weitere Infos unter Telefon 09 41/5 07-34 43 (Kasse) oder im Web.

Gastro-Tipp: Der „Kneitinger" (Arnulfsplatz) ist eine kultige Brauereiwirtschaft mit beliebtem Bockbier. Auf dem Bismarckplatz sitzt man beim Café „Dalbergs" an Tischchen im Freien.

Für den Stil des Klassizismus stehen das Theater am Bismarckplatz und das Palais des französischen Gesandten, das so genannte Präsidialpalais. Letzteres, ein Bau mit markanten Portikussäulen, war 1804/1805 im Auftrag des Regensburger Fürstprimas Carl von Dalberg von dessen Hofarchitekten Emanuel d'Herigoyen für den französischen Gesandten beim Reichstag errichtet worden. Das Palais war erst kurz bezogen, als für Regensburgs „Immerwährenden Reichstag" schon die letzte Stunde schlug.

Vom gleichen Architekten stammte der ursprüngliche Entwurf für den Bau des Stadttheaters auf der gegenüberliegenden Platzseite, der 1804 eröffnet wurde. Nach einem Brand wurde er bis 1852 nach dem alten Vorbild wiedererrichtet.

Das zuletzt 2001 sanierte Stadttheater ist die Hauptspielstätte des Theaters Regensburg – ein Drei-Sparten-Haus mit Schauspiel, Musiktheater und Ballett. Eine weitere Spielstätte in der westlichen Altstadt ist das nahegelegene, 1897 erbaute Velodrom in der Kreuzgasse 5 beim Arnulfsplatz.

Auf dem Areal zwischen den beiden klassizistischen Bauten am Bismarckplatz entstanden in jüngerer Zeit zwei große Springbrunnen. Wie in südlicheren Gefilden sitzt man dort an Caféhaus-Tischchen und unter Sonnenschirmen. Bei einem Blick in Richtung Westen schaut man hier über ein angrenzendes Gebäude auf die beiden schlichten mittelalterlichen Türme der nahen Schottenkirche.

Sehenswert

❶ Stadttheater, klassizistischer Bau von Emanuel d'Herigoyen (1804), nach einem Brand bis 1852 wieder errichtet

❷ Präsidialpalais, klassizistischer Bau von Emanuel d'Herigoyen (1805), das Palais des französischen Gesandten beim „Immerwährenden Reichstag"

❸ Dominikanerkirche St. Blasius, im 13. und 14. Jahrhundert erbaut, davor ein Denkmal für Albertus Magnus

❹ Schottenkirche St. Jakob, aus dem 11. und 12. Jahrhundert, und das Schottenportal (entstanden um 1185)

❺ Jakobstor, die beiden Flankentürme eines 1810 abgebrochenen Stadttors

❻ Heilig Kreuz, die Kirche des gleichnamigen Dominikanerinnenklosters, Rokokoausstattung von 1742 bis 1751

❼ Jüdischer Grabstein, um 1519 hier aufgestellt – er gab der Straße „Am Judenstein" den Namen.

❽ Prebrunntor (Stadttor von 1293)

❾ Herzogspark, Naturkundemuseum im Württembergischen Palais (bis 1806 vom Emanuel d'Herigoyen erbaut)

❿ „Kneitinger"– eine Regensburger Traditionsgaststätte am Arnulfsplatz

⓫ St. Oswald, 1316 erstmals erwähnt, seit 1553 evangelische Kirche, 1708 barockisiert, mittelalterlicher Wohnturm

Ihr Weg zu Fuß

Ziel: Den westlichen Teil der Altstadt kennenlernen und dabei wenigstens das sagenhafte Schottenportal genauer anschauen.

Zeit: Ganz nach Lust und Laune – der Minimalansatz, ein kurzer Abstecher vom Bismarckplatz zum Schottenportal, dauert gerade mal ein paar Minuten.

Als Orientierungs- und Ausgangspunkt eignet sich der zentrale Bismarckplatz mit dem 1 Stadttheater sowie dem 2 Präsidialpalais. Von ihm sind es ein paar Schritte zur 3 gotischen Dominikanerkirche am Albertus-Magnus-Platz, vor der ein kleines Denkmal für Albertus Magnus steht. Auf der Westseite des Bismarckplatzes sieht man bereits die Türme der 4 Schottenkirche St. Jakob.

Es sind nur ein paar Gehminuten bis zur Kirche mit dem Schottenportal. Ein paar Schritte weiter westlich stößt man aufs 5 Jakobstor, Reste eines Stadttors aus dem 14. Jahrhundert. Ganz nah: die 6 Dominikanerinnenkirche Heilig Kreuz und der 7 jüdische Grabstein, der der Gasse „Am Judenstein" den Namen gab, und das 8 Prebrunntor mit dessen Nachbarn, dem 9 Herzogspark und dem Naturkundemuseum im Württembergischen Palais.

Am Arnulfsplatz erholt man sich in der Traditionsgaststätte 10 „Kneitinger" (urig-bayerisch und sehr authentisch) bei Bockbier und bodenständiger Küche von den Strapazen einer Stadtbesichtigung. Über den angrenzenden Weißgerbergraben kann man in Richtung Donauufer spazieren – am Ende dieser Gasse steht die 11 Kirche St. Oswald.

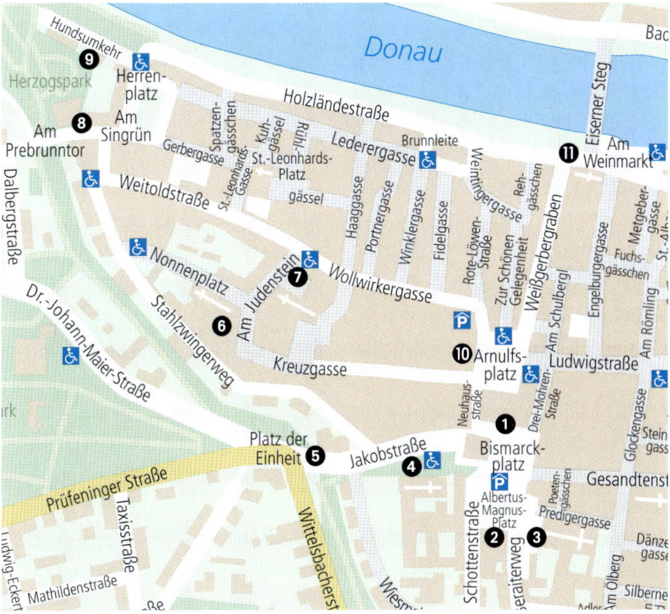

Im Osten der Altstadt: von der Kirche des Bettelordens zur königlichen Villa

Die Erforschung der östlichen Altstadt ist der Weg zu diversen Sehenswürdigkeiten aus verschiedensten Epochen. Von römischen Mauerresten über eine romanische Kapelle und die gotische Minoritenkirche bis zum neugotischen Stadtschlösschen eines bayerischen Königs reicht hier die Palette der Ziele.

Die östliche Altstadt, das ist der Bereich vor der ehemaligen römischen Stadtmauer. Dass dem so ist, sieht man besonders gut an deren nordöstlichem wie südöstlichem Ende: Hier sind jeweils Reste der Römermauer erhalten. Am St.-Georgen-Platz sieht man gleich neben dem Überrest der im 12. Jahrhundert erbauten Kapelle St. Georg und Afra die Nordostecke der erst 1905 freigelegten Mauer des Römerlagers.

An der Südostecke des römischen Regensburg, am Ernst-Reuter-Platz, ist die Römermauer mit ihren mächtigen Quadern noch eindrucksvoller zu besichtigen. Sie ist hier in eine Parkanlage eingebunden, in der nur ein paar Schritte entfernt Mauerreste der mittelalterlichen Stadtmauer zu sehen sind. Zwischen den beiden östlichen Ecken des „Castra Regina" verläuft außerdem noch ein Abschnitt der Römermauer am Dachauplatz – quer durch ein Parkhaus. Diese Situation ist zwar nicht sonderlich schön, trägt aber doch beeindruckend zum besseren Verständnis der Römerstadt bei.

Am Dachauplatz findet man zudem den Mittelpunkt dieses Stadtgebiets – sowohl was die Ausmaße als auch was die historische Bedeutung sowie Nutzung des Baukomplexes betrifft.

Bild oben: Römermauer und romanischer Kapellenrest am St.-Georgen-Platz.

Noch innerhalb, aber ganz nah an der Römermauer: Die Erhardikapelle aus dem 10. Jahrhundert beim St.-Georgen-Platz.

Um mit der geschichtlichen Bedeutung und den Ausmaßen zu beginnen: Die ehemalige Minoritenkirche ist eine von zwei Bettelordenskirchen in der Stadt (sie gehören zu den größten Deutschlands). Die zweite, die Dominikanerkirche St. Blasius am Albertus-Magnus-Platz, liegt nicht ohne Grund genau am entgegengesetzten, westlichen Rand der Altstadt: Bettelorden lebten von den milden Gaben der Bürger – man mied deshalb möglichst die Konkurrenz und ging sich aus dem Weg.

Um 1260 entstand das turmlose Langhaus der frühgotischen Minoritenkirche. Den anschließenden, überhöhten Chor errichtete man um 1330 anstelle eines Vorgängerbaus. Die Minoritenkirche gilt mit ihrer Ausprägung als „Predigtscheune" als ein klassisches Beispiel für die mittelalterliche Bettelorden-

Tipps

Museum: Das Historische Museum in der ehemaligen Minoritenkirche zeigt Exponate von der Vorgeschichte bis zum Mittelalter. Geöffnet: Di – So und feiertags 10 – 16 Uhr, Do 10 – 20 Uhr (an den hohen Feiertagen geschlossen). Infos: Telefon 09 41/5 07-24 48 (Kasse) und im Web (www.regensburg.de).

Galerie: Die Städtische Galerie im „Leeren Beutel" neben dem Minoritenkloster (Bertoldstraße 9) zeigt moderne ostbayerische Kunst. Geöffnet ist hier genauso wie im Historischen Museum (Zeiten siehe oben). Mehr Infos: Telefon 09 41/5 07-24 40 (Kasse) und im Web.

Café: Im alten Kreuzgang bewirtet das Museumscafé im Historischen Museum.

Konzerte: Im Historischen Museum hört man Konzerte der „Vereinigung der Museumsfreunde". Infos: Telefon 09 41/5 07-14 42.

Nur den kleineren Teil der mächtigen und turmlosen früheren Minoritenkirche sieht man schon vom Dachauplatz aus.

architektur. Südlich dieses mächtigen Kirchenbaus schließen sich die Reste von zwei Kreuzgängen sowie mehrere Kapellen an. Die barocken Trakte des gewaltigen Kirchenkomplexes wurden bei der Umgestaltung zum Museumsbau stark verändert.

Museum sind die 1810 profanisierte Minoritenkirche und die benachbarten Bauten schon seit 1936. Im heutigen „Historischen Museum" sieht man die Abteilung Vorgeschichte – vom ersten „Regensburger" aus der Jungsteinzeit (um 5500 v. Chr.) bis zu den Kelten. Den nachfolgenden Römern ist eine seit der Umgestaltung im Jahr 2003 ganz besonders beliebte Abteilung gewidmet. Die Mittelalterabteilung des Historischen Museums findet in den Bauwerken des ehemaligen Klosters einen besonders passenden Rahmen: Die Stadtgeschichte wird unter anderem mit Exponaten aus dem Dom und von der Steinernen Brücke erläutert.

Bei der Kunst des späten Mittelalters sind Malerei und Plastik der „Donauschule" besonders erwähnenswert. Denn hier werden Werke aus dem Umfeld des berühmten Regensburger Malers Albrecht Altdorfer (er schuf zum Beispiel die „Alexanderschlacht") gezeigt.

Sozusagen im Schatten der mächtigen Minoritenkirche steht der benachbarte, von 1597 bis 1607 entstandene frühere Getreidespeicher an der Bertoldstraße. Er erhielt den Namen „Lärenbeutel", dessen Herkunft bisher nicht zweifelsfrei geklärt wurde. Unter dem steilen, von vielen Gaupen gegliederten Dach des massigen Stadels findet man das Kulturzentrum im „Leeren Beutel" mit der Städtischen Galerie.

Ihre Sammlungen zeigen ostbayerische Kunst aus dem 19. Jahrhundert.

Sonderausstellungen widmen sich hier der Kunst im breiten Spektrum von der Malerei über die Fotografie bis zu Installationen.

Drei weitere Bauwerke im Osten der Altstadt sollten besonders beachtet werden: Die Erhardikapelle ist streng genommen noch ein Teil der inneren Altstadt, allerdings am besten durch einen Durchgang und über ein paar

Beim „Leeren Beutel“: Der ehemalige reichsstädtische Getreidespeicher ist heute ein Kulturzentrum mit einer städtischen Galerie.

Eine neugotische Traumimmobilie auf dem Regensburger Donauufer: Diese in der Tat „Königliche Villa“ wurde für den Bayernkönig Maximilian II. erbaut. Der Monarch wohnte hier aber nur fünf Tage lang. Später residierte dort eine Behörde.

Originelles Wirtshauszeichen in der Ostengasse: Um den „Bär an der Kette" rankt sich eine Alt-Regensburger Geschichte. Bild rechts: Das Ostentor zählt zu den am besten erhaltenen mittelalterlichen Stadttoren Deutschlands.

Walfisch und Bär

Um die Wirtshausausleger der beiden historischen Gasthäuser „Zum Walfisch" und „Bär an der Kette" ranken sich zwei Regensburger Geschichten. So suchte während des „Immerwährenden Reichstags" der englische Gesandte Sir George Etherege ein Abenteuer mit einer Komödiantin, die im „Walfisch" logierte. Als ein paar sittenstrenge junge Regensburger die Auslieferung und Bestrafung dieser leichtlebigen Dame forderten, beschützte sie ihr englischer Kavalier voll Heldenmut.

Im „Bär an der Kette" machte eine fahrende Truppe mit ihrem Tanzbären Station. Als ein Dieb des Nachts zwei Kälber stehlen wollte, schnitt ihm der Bär den Rückweg ab, bis der Lump bemerkt wurde. Aus Dankbarkeit kaufte der Wirt dem Wanderzirkus den Bären ab und hielt ihn wie ein Haustier. Heute ziert eine Malerei mit dem Bären an der Kette die Fassade an der Ostengasse.

Stufen vom St.-Georgen-Platz aus zu erreichen. Der Bau an der Erhardigasse 1 entstand bereits im 10. Jahrhundert. Hinter einer romanischen Fassade verbirgt sich die dreischiffige Kapelle. Die Fassade wurde allerdings erst 1892 mit romanischen Kapitellen aus St. Jakob gestaltet. Ein profanes Obergeschoss wurde noch im Jahr 1954 abgebrochen.

Das Ende der östlichen Altstadt markiert unübersehbar das Ostentor. Es ist eines des besterhaltenen mittelalterlichen Stadttore Deutschlands. Neben dem Brücktor auf der Steinernen Brücke ist der fünfgeschossige Wehrturm mit seinen beiden kleineren achteckigen Türmen rechts und links der Tordurchfahrt das einzige heute noch völlig erhaltene Stadttor Regensburgs.

Über ein halbes Jahrtausend später entstand an der Ostenbastei am nahen Donauufer die Regensburger Residenz für den Bayernkönig Maximilian II. Der angrenzende „Villapark" wurde unter Einbeziehung der mittelalterlichen Stadtbefestigung gestaltet. Doch die 1854 bis 1856 errichtete neugotische „Königliche Villa" wurde vom bayerischen Monarchen nur ganze fünf Tage lang in Anspruch genommen. Lediglich das kostbare Mobiliar der Villa ließ man später nach München schaffen.

Sehenswert

❶ Wirtshauszeichen am Gasthof „Zum Walfisch" (Unter den Schwibbögen 21)

❷ St. Georg und Afra – Kapellenrest des 12. Jahrhunderts neben der freigelegten Nordostecke der Römermauer

❸ Erhardikapelle (10. Jahrhundert), Fassade seit 1892 mit romanischen Kapitellen aus der Jakobskirche, gleich daneben (Erhardigasse 1) die um 1250 entstandene profanierte Pfarrkirche St. Peter und Paul (heute Gaststätte)

❹ ehemalige Minoritenkirche (13. bis 18. Jahrhundert), heute der Sitz des Historischen Museums Regensburg (Dachauplatz 2 – 4)

❺ Leerer Beutel (entstanden 1597 bis 1607), Getreidespeicher, heute Kulturzentrum mit Städtischer Galerie

❻ Brandl-Bräu, ehemaliges Patrizierhaus mit dem originellen Wirtshauszeichen „Bär an der Kette"

❼ Ostentor, eines der besterhaltenen mittelalterlichen Stadttore Deutschlands (um 1300)

❽ Königliche Villa, romantischer neugotischer Bau (von 1854 bis 1856 für Bayernkönig Maximilian II. errichtet), Zugang durch den „Villapark"

❾ Ostenallee, klassizistische Denkmäler, am Südende dieser Allee Mauerreste des römischen Castra Regina und der mittelalterlichen Stadtbefestigung

Ihr Weg zu Fuß

Ziel: Die östliche Altstadt Regensburgs entdecken.

Zeit: Eine Stunde (ohne die Museen).

Wenn man diese Tour an der Porta Praetoria starten lässt, führt der Weg durch die Gasse Unter den Schwibbögen zum originellen ❶ Wirthausschild des seit dem 16. Jahrhundert bekannten Gasthauses „Zum Walfisch" (Hausnummer 21). Dort spuckt das mit riesigen Hauern bewehrte Seeungeheuer seit der Zeit um das Jahr 1800 Jonas wieder aus. Die Gasse stößt direkt auf den St.-Georgen-Platz, wo man rechts die am doppelbögigen romanischen Fenster erkennbaren ❷ Überreste der Kapelle St. Georg und Afra findet, die direkt an die gröberen und größeren Quader der Nordostecke der Römermauer anschließen. Ein Mauerdurchlass führt ein paar Treppen aufwärts in die Erhardigasse und vorbei am (abgedeckten) Erhardibrunnen zur Fassade der tiefer liegenden ❸ Erhardikapelle an der Rückseite des Niedermünsters.

Am besten geht man hier die wenigen Schritte zum St.-Georgen-Platz zurück und vorbei am 1806 profanierten und heute in eine Gaststätte umgewandelten romanischen Kirchenbau St. Peter und Paul entlang der Adolph-Kolping-Straße in Richtung Dachauplatz. Den dortigen langgestreckten Bau der ❹ Minoritenkirche kann man nun wirklich nicht übersehen. Auf dem Dachauplatz findet man übrigens ein Denkmal für die am Ende des Zweiten

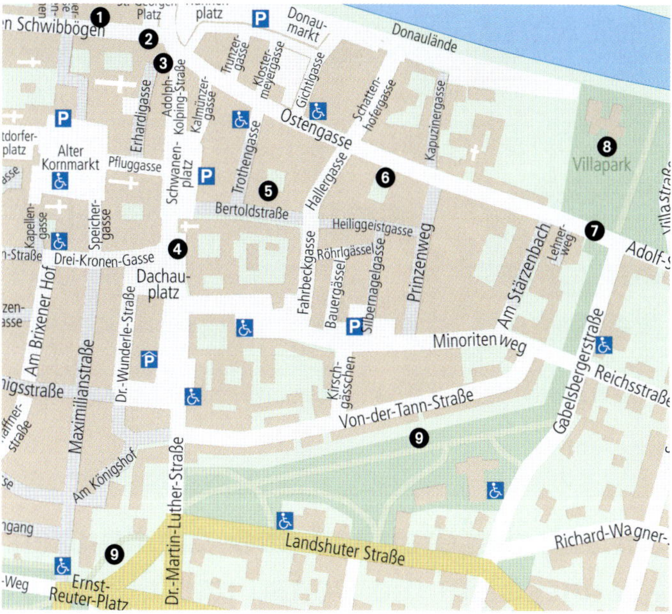

Weltkriegs hingerichteten Widerstandskämpfer Regensburgs. Gleich daneben – gegenüber dem 1938 erbauten Neuen Rathaus – steht das Parkhaus, in das ein Teil der römischen Stadtmauer integriert wurde. Links, also nördlich an der Minoritenkirche vorbei, leitet die Route zum historischen 5 Getreidespeicher mit dem Namen „Leerer Beutel". Über die anschließende Hallergasse biegt man nach links in Richtung Ostengasse ab. Dort stößt man auf ein Patrizierhaus aus dem 13. Jahrhundert (Ostengasse 16). Es wurde 1596 umgebaut. Auch das dortige Gasthaus wurde durch sein originelles Wirtshauszeichen, den 6 „Bär an der Kette", populär.

Von hier aus erkennt man bereits das hochaufragende 7 Ostentor, den Abschluss der mittelalterlichen Ostnervorstadt. Von hier aus führte die Straße in Richtung Wien. Gleich nach diesem Tor geht es links in den „Villapark", durch den man zur 8 Königlichen Villa gelangt. Der markante schlossartige Bau mit Zinnengiebeln und Ecktürmchen ist auch vom gegenüberliegenden Donauufer aus gut zu erkennen.

Wer will, spaziert vom Ostentor aus in der entgegengesetzten Richtung über die 9 Ostenallee zur Dr.-Martin-Luther-Straße. Am Weg stehen klassizistische Denkmäler für General von Zoller und Polizeidirektor Gruber. An der Stelle, wo die Allee auf diese Straße stößt, liegt auf der gegenüberliegenden Straßenseite der Ernst-Reuter-Platz. An der Nordseite des Platzes entdeckt man in einer Grünanlage die Südostecke des römischen Militärlagers Castra Regina sowie Teile der vorgelagerten Stadtbefestigung des 13. Jahrhunderts.

Entlang der Ufer und über die Brücken: Ausblicke auf die Donau und die Stadt

Man hat schon etliche Stadtführer über Regensburg geschrieben, aber die meisten lassen einen Vorschlag außen vor: einen Rundweg über die drei Regensburger Donaubrücken und die beiden Inseln im großen Strom. Doch gerade von hier aus sieht man den Fluss und damit die alte Regensburger „Skyline" buchstäblich „von einer anderen Seite" – und entdeckt damit einige der stimmungsvollsten Ansichten der ehemaligen Freien Reichsstadt. Zugleich entdeckt man die Reize des Stadtteils Stadtamhof am nördlichen Donauufer.

Ohne die Donau kein Regensburg: Ohne seine strategisch äußerst wertvolle Lage am nördlichsten Punkt des zweitlängsten Flusses Europas hätten die Römer ihr Castra Regina – die Keimzelle Regensburgs – vermutlich nicht an eben jener Stelle gegründet, an der seit beinahe 900 Jahren die Steinerne Brücke über den Strom führt. Und es ist keine Frage, dass die Bedeutung des Flusses und des lange Zeit weit und breit einzigen festen Flussübergangs als Verkehrsader und Handelsweg entscheidend zur mittelalterlichen Blütezeit Regensburgs beigetragen hat.

Die beiden mächtigen Salzstadel rechts und links des Brücktorturms auf der Steinernen Brücke und die Straßenbezeichnungen entlang der Regensburger Donauufer (Donau-, Wein- und Holzlände, Fisch- und Weinmarkt oder auch die Werftstraße) bezeugen die frühere Bedeutung dieser Lebensader für Regensburg. Sie erinnern an Flusstransporte zwischen dem Alpenraum und Konstantinopel, an Flussfischerei

Bild oben: Die schönsten Blicke auf die Donaustadt genießt man beim Spaziergang über zwei Inseln im großen Strom.

und an Schiffsbau, der in Regensburg eine jahrhundertelange Tradition hatte. Diese ging erst 1994 zu Ende – in den 20er Jahren des letzten Jahrhunderts soll die Donaustadt gar der wichtigste Schiffsbau-Standort im Süden Deutschlands gewesen sein.

Auch heute noch ist die wirtschaftliche Bedeutung der Donau für Regensburg nicht zu unterschätzen: Sein Hafen ist

So sieht ein Donau-Schifffahrtskapitän aus: Die „Regensburg" und ihren Chef trifft man an der Anlegestelle an der Donaulände, nur wenige Schritte von der Steinernen Brücke entfernt. Von hier aus geht es zur Walhalla oder ins Altmühltal.

Idyllischer Blick vom Oberen Wöhrd beim Eisernen Steg über den südlichen Donauarm auf die Häuserfront an der gegenüberliegenden Weinlände.

RUTHOF
ERSEKCSANAD

Am nördlichen Donauufer liegt der Stadtteil Stadtamhof, dahinter sieht man die Türme der barocken Dreifaltigkeitskirche. Bild links: Die Donau, das Schifffahrtsmuseum an der Donaulände und der Dom vom Unteren Wöhrd aus gesehen.

der größte Bayerns und mit rund zwei Millionen Tonnen umgeschlagener Güter der größte Donauhafen Europas. Über den Rhein-Main-Donau-Kanal ist Regensburg mit einer 3500 Kilometer langen Wasserstraße zwischen Nordsee und Schwarzem Meer verbunden. Donauabwärts werden zehn Länder Europas mit dem Schiff erreicht.

Besucher der Stadt sehen vom Hafen – zum Glück für die historischen Reize Regensburgs – kaum etwas. Umso beliebter ist die Personenschifffahrt. Die Regensburger Personenschifffahrtsgesellschaft zeigt die schönsten Seiten der Stadt und des Umlands vom Fluss aus. Strudelrundfahrten sind ebenso im Angebot wie Ausflugsfahrten zur

Tipps

Schifffahrt: Infos zu Strudelfahrten und Trips zur Walhalla sowie ins Altmühltal erhält man bei der Personenschifffahrt Klinger GmbH, Telefon 09 41/5 53 59 (www.schifffahrtklinger.de) in Regensburg. Die Personenschiffahrt Schweiger in Kelheim (Telefon 0 94 41/34 02, www.renate.de) befördert zum Donaudurchbruch bei Weltenburg.

Museum: Das „Donau-Schiffahrts-Museum" an der Thundorferstraße ist von April bis Oktober täglich (10 – 17 Uhr) geöffnet. Weitere Infos unter Telefon 09 41/5 07-58 88 oder im Web (www.dsmr.de).

Übernachten: Zwei der Spitzenhotels in Regensburg beherbergen direkt an der Donau. Das Designhotel „Sorat" ist ein Insel-Hotel im Strom. Und das „Orphée" empfängt im „Andreasstadel", dem früheren kurbayerischen Salzstadel in Stadtamhof.

Feine Küche: Im „Restaurant Brandner" im Sorat-Hotel diniert man mit Blick auf den Fluss und die Altstadt.

Biergärten: Im „Spitalgarten" beim Katharinenspital in Stadtamhof und in der „Alten Linde" (Oberes Wöhrd) genießt man den Blick auf die Donau.

Fluss im Netz: Über die Geschichte der Völker entlang der Donau und zu Kultur sowie touristischen Reizen der Donauanrainerstaaten informiert die Website www.danube-river.org. Informationen für Radfahrer: www.donauradweg.de.

Das „Donau-Schiffahrts-Museum" ankert an der Donaulände.

Walhalla, nach Weltenburg oder ins Altmühltal. Nahe der Steinernen Brücke und nur ein paar Schritte von der Historischen Wurstküche entfernt sorgt die Anlegestelle der Personenschifffahrt an der Donaulände regelmäßig für dichte Menschentrauben.

Wiederum nur einige Schritte weiter östlich stößt man auf das wohl ungewöhnlichste Regensburger Museum: das „Donau-Schiffahrts-Museum". Von April bis Oktober kann man hier täglich einen liebevoll restaurierten

Blick von der Eisernen Brücke: Über sie spaziert man auf den Unteren Wöhrd.

Radzugdampfer von 1922/23 und ein Motorzugschiff von 1943 besichtigen.

Blick auf Donau, Steinerne Brücke und Dom: im Biergarten des „Spitalgartens".

Die schönsten Ansichten der historischen „Skyline" der Stadt genießt man von den drei Donaubrücken und vom Damm zwischen dem Oberen und dem Unteren Wöhrd – zwei Inseln vor der Altstadt. Gleich drei Donauarme und die ganze Länge der Steinernen Brücke hat man im nördlichen Stadtteil Stadtamhof vor Augen: Diese Ansicht lässt sich hier sogar mit einem Biergarten- oder Restaurant-Besuch verbinden.

Der direkte Weg in den Stadtteil Stadtamhof führt über die Steinerne Brücke.

Ihr Weg zu Fuß

Ziel: Die schönsten Ansichten der alten Stadt am großen Strom entdecken.

Zeit: Man kann eine Stunde spazieren gehen oder etliche Stunden – je nachdem, welchen Weg man wählt und über welche Brücken und Stege man geht.

Der Start- und Zielpunkt dieser Tour ist die ❶ Steinerne Brücke. Vorbei an der ❷ Historischen Wurstküche, der ❸ Anlegestelle der Donauschifffahrt und am ❹ Schifffahrtsmuseum an der Donaulände geht es zur ❺ Eisernen Brücke. Man überquert hier erstmals die Donau. Am Ende der Brücke kommt man durch die Proskestraße am westlichen Ende des Unteren Wöhrd zum ❻ Grieser Steg und von da über den östlichsten Zipfel des Oberen Wöhrd in den Stadtteil Stadtamhof. Dort führt ein Gehweg vorbei am ❼ Andreasstadel und mit Blick auf St. Mang zur Steinernen Brücke an der Stadtamhofer Seite des Donauufers. Vorbei am Katharinenspital geht es hier ein kurzes Stück auf der Steinernen Brücke zurück in Richtung Altstadt und auf dem anderen Ufer des Donauarms zwischen Stadtamhof und dem Oberen Wöhrd nach links in die Müllerstraße. Vorbei am „Sorat Insel-Hotel", biegt man in die Badstraße ein. Nach einer Linkskurve geht es bald wieder links in einen schmalen Gehweg und zurück in Richtung Sorat-Hotel und an diesem vorbei zum Gehweg auf dem steinernen ❽ Donaudamm „Am Beschlächt".

Von hier aus hat man die Qual der Wahl: Erstens könnte man unter der Steinernen Brücke hindurch auf den Unteren Wöhrd gehen und käme so über die Wöhrdstraße und die Proskestraße zurück zur Eisernen Brücke. Zweitens könnte man

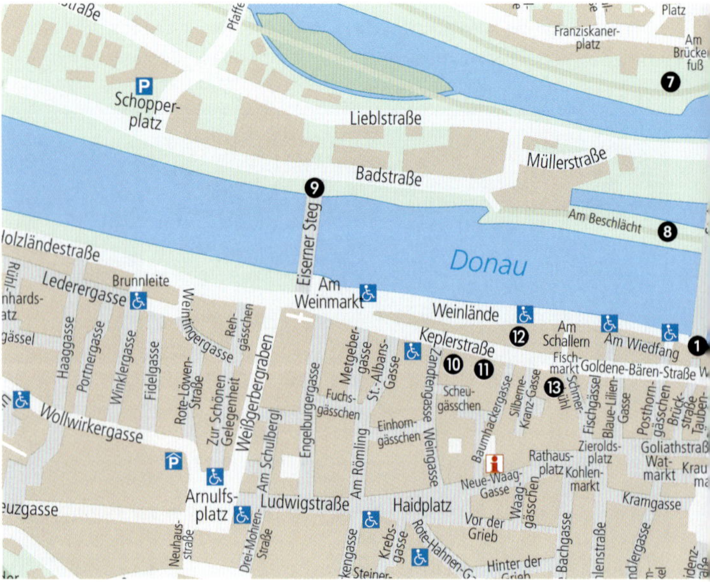

dem Weg zurück zur Badstraße folgen und dort (nach rechts) wieder in Richtung Stadtamhof umkehren, von wo man über die Steinerne Brücke auf dem schnellsten Weg in Richtung Altstadt kommt. Die Alternative für Neugierige: Man folgt der Badstraße entlang ihres bislang noch nicht begangenen Teilstücks nach links und kommt so über den ❾ Eisernen Steg zum Platz Am Weinmarkt und zur Kirche St. Oswald.

Von hier aus folgt man entweder der Weinlände entlang der Donau oder wählt die alternative Route durch die Keplerstraße, wenn man dort das ❿ Kepler-Gedächtnishaus, das mächtige ⓫ Runtingerhaus oder (auf der gegenüberliegenden Seite der Straße) ⓬ Johannes Keplers Wohnhaus sehen will. Über den ⓭ Fischmarkt sowie die Goldene-Bären-Straße geht es wieder zurück zur Steinernen Brücke.

Sehenswert

❶ Steinerne Brücke mit Brücktor und den beiden Salzstadeln

❷ Historische Wurstküche

❸ Schiffsanlegestelle der Personenschifffahrt an der Donaulände

❹ Liegeplatz des Schifffahrtsmuseums

❺ Eiserne Brücke von der Altstadt auf den Unteren Wöhrd

❻ Grieser Steg nach Stadtamhof

❼ Stadtamhof, Andreasstadel, Kirche St. Mang und Katharinenspital

❽ „Am Beschlächt" – der Gehweg auf dem Donaudamm zwischen dem Oberen und dem Unteren Wöhrd

❾ Eiserner Steg vom Oberen Wöhrd zur Altstadt

❿ Kepler-Gedächtnishaus: Sterbehaus des Astronomen (Keplerstraße 5, heute Museum zu Leben und Werk), daneben ehemaliges Gasthaus „Blauer Hecht"

⓫ Runtingerhaus (Keplerstraße 1), Patrizierhaus aus dem 13. und 14. Jahrhundert, einst Sitz der bekannten Fernhandelsfamilie, heute Stadtarchiv

⓬ Keplers Wohnhaus (Keplerstraße 2), erbaut Mitte des 13. Jahrhunderts

⓭ Fischmarkt, Fischmarktbrunnen mit der Figur eines Gewappneten

Über die Donau zum Stadtteil Stadtamhof

Der Regensburger Stadtteil Stadtamhof beginnt da, wo die ❶ Steinerne Brücke endet. Besucher Regensburgs tun gut daran, dort nicht umzukehren, obwohl die Altstadt von hier aus besonders anziehend und idyllisch wirkt. Schließlich ist auch das seitab der Hauptstraße fast dörflich anmutende Stadtamhof ein Teil des UNESCO-Welterbes: Wenn man von nahezu tausend Baudenkmälern in der Altstadt spricht, sind die schützenswerten Stadtamhofer Bauten mitgezählt.

Dass man in Regensburg bis heute fein zwischen der Altstadt (also der bis 1803 selbstständigen Freien Reichsstadt) und Stadtamhof differenziert, mag für die Nicht-Regensburger unverständlich sein. Historisch ist die Unterscheidung wohlbegründet: Stadtamhof war lange Zeit eine eigenständige Stadt und wurde erst 1924 nach Regensburg eingemeindet. Schon 1496 hatte der Bayernherzog aus Rache Stadtamhof das Stadtrecht verliehen und nur wenig später auch noch die beiden Schlüssel des Regensburger Wappens mit dreien im eigenen Stadtwappen übertrumpft. Der Auslöser für diese Aufwertung von Stadtamhof: Der Herzog hatte das ihm durchaus zugeneigte Regensburg nicht seinem Herrschaftsbereich einverleiben dürfen, weil der Kaiser im fernen Wien diesen „Pfahl im Fleisch der Bayern" nicht aufgeben wollte. Erst 1810 wurde auch die Freie Reichsstadt bayerisch. In Stadtamhof begann für die Regensburger demnach für Jahrhunderte das (häufig durchaus feindliche) Ausland.

1809 verwandelten österreichische Truppen nach der verlorenen Schlacht von Regensburg das kleine Stadtamhof in ein flammendes Inferno, um so ihre Flucht vor den nachrückenden Franzosen zu decken. Das St.-Katharinen-Spital und 95 Häuser versanken in Schutt und Asche. Die Bausubstanz der zentralen

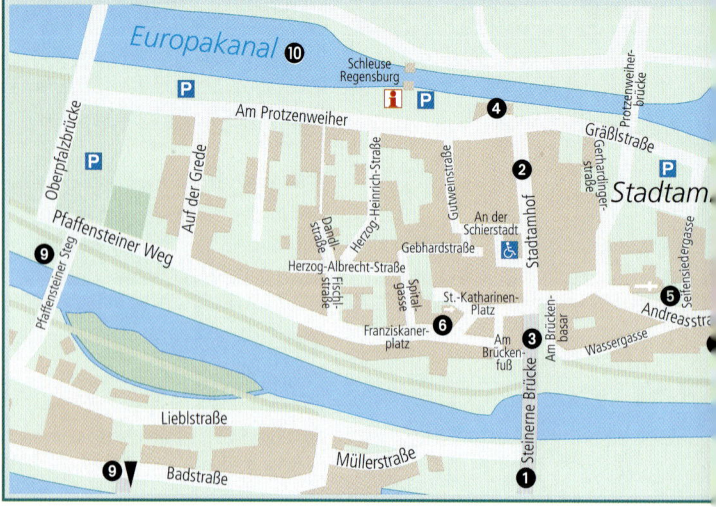

„Stadtamhof" heißt die Hauptstraße des Stadtteils Stadtamhof.

❷ Hauptstraße Stadtamhofs (sie heißt so wie der ganze Stadtteil) wird vom einheitlichen Erscheinungsbild geprägt, das der Wiederaufbau von 1810 schuf. Die Straße ist die direkte Verlängerung der Steinernen Brücke: Wo früher deren Befestigungsanlagen am Stadtamhofer Brückenkopf standen, umschließen nun erdgeschossige ❸ Basarbauten einen rechteckigen Platz. Vom einstigen Kopfbahnhof in der Hauptstraße fuhr das „Walhallabockerl" bis in die 1960er Jahre als Kleinbahn bis nach Wörth an der Donau. Die ❹ Lokomotive von 1908 steht als Denkmal nahe der Schleuse Regensburg. Von der historischen Bebauung sind die im Stil des Rokoko ausgestattete ❺ Pfarrkirche St. Mang, die im Kern romanische ❻ Spitalkirche des 1809 erneuerten Katharinenspitals und der ❼ Andreasstadel (er dient heute als Hotel und Künstlerhaus) hervorzuheben.

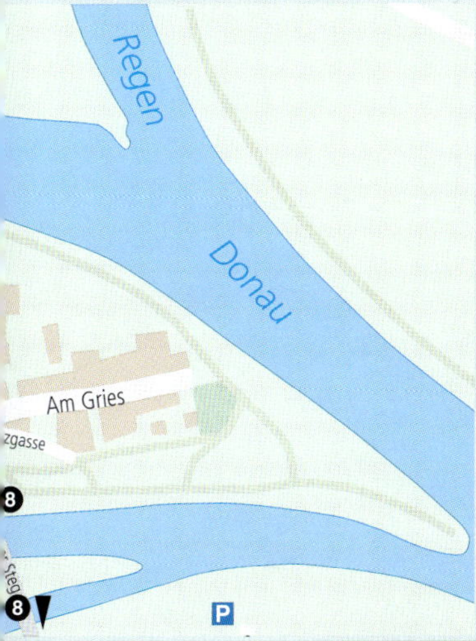

Nach Stadtamhof kommt man von der Altstadt aus über die Steinerne Brücke, über die ❽ Eiserne Brücke sowie den Grieser Steg oder den ❾ Eisernen Steg und den folgenden Pfaffensteiner Steg. Obwohl der Stadtteil von allen Seiten von Donauwasser umflossen wird, ist er keine Insel. Der nördliche „Donauarm" zur Schleuse ist der von Menschenhand geschaffene ❿ Europakanal.

Besucher Regensburgs entdecken hier die Reste einer römischen Stadt und der mittelalterlichen jüdischen Gemeinde. Eine Reminiszenz an die Epoche der reichen Regensburger Fernhandelskaufleute sind die nördlich der Alpen einzigartigen Patrizierburgen und Geschlechtertürme. Von der Freien Reichsstadt und vom „Immerwährenden Reichstag" erzählen das gotische Alte Rathaus und barocke Denkmäler. Über die ganze Altstadt verstreut findet man Spuren prominenter Regensburger von Albrecht Altdorfer bis Johannes Kepler.

Nördlich der Alpen einmalig: die Türme der steinreichen Regensburger

Regensburg hat die größte zusammenhängende mittelalterliche Altstadt Deutschlands zu bieten. Beim Bummel durch diese Stadtlandschaft lohnt es sich, hinter die Hausfassaden und hinauf zu den nördlich der Alpen einzigartigen Geschlechtertürmen zu schauen. Die „Wolkenkratzer des Mittelalters" erzählen vom Reichtum der Regensburger Fernhandelskaufleute jener Zeit, in der Regensburg zur stolzen Freien Reichsstadt, zu einer „Boomtown" des Mittelalters und zur Weltstadt aufstieg.

Im 11., 12. und 13. Jahrhundert war die große Zeit der Stadt: Regensburg wurde zum Handelszentrum und mit seinen 20 000 Einwohnern nach Köln zur größten Stadt Deutschlands. Diese Entwicklung verdankte Regensburg dem Aufschwung seiner Bürgerstadt. Die verkehrsgünstige Lage förderte den Fernhandel der Kaufherren. Sie handelten mit Konstantinopel, mit Kiew und Krakau, Venedig, Prag oder Flandern – Regensburg wurde reich, sehr reich sogar…

Ein Großteil dieses Reichtums stammte aus dem Fernhandel mit Italien. Im Süden entdeckten die Regensburger jenes Statussymbol, das sie umgehend in ihrer Heimat nachahmten – die trutzigen Geschlechtertürme norditalienischer Städte, wie man sie noch heute in San Gimignano sehen kann.

Ab dem 11. Jahrhundert errichteten die reichsten Regensburger Patrizier die „Wolkenkratzer des Mittelalters".

Bild oben: Auch der Turm des Alten Rathauses wurde im Stil der Geschlechtertürme erbaut. Dahinter sieht man den nur wenig niedrigeren „Goldenen Turm".

Von ihnen sah man buchstäblich auf die Mitbewohner der Stadt herab. Die Botschaft war klar: Je höher der Turm, desto reicher sein Besitzer. Die Türme wurden aber nur bis zur Höhe „normaler" Häuser bewohnt. Was darüber hinausging, war reine Repräsentation.

60 Geschlechtertürme dominierten am Ende das Stadtbild Regensburgs – bis zu zwölf Geschosse waren sie hoch.

Der höchste private Turm Regensburgs ist der „Goldene Turm" an der Wahlenstraße. Dieses Wahrzeichen der Stadt ist zugleich der höchste Turm einer Patrizierburg nördlich der Alpen.

Der Turm des Kastenmayerhauses an der Wahlenstraße. Dieser Baukomplex zieht sich bis zur Ecke Untere Bachgasse. Er grenzt dort an den ältesten erhaltenen Geschlechterturm der Stadt an.

Mittelalterliche „Wolkenkratzer" in der Gasse Hinter der Grieb. Bild rechts: Der Baumburger Turm am Watmarkt.

Tipps

Feine Küche: Spitzenküche findet man im Gourmetlokal „David" im Goliathhaus (Watmarkt 5). Mit Küche und mit Domblick verwöhnt „Haus Heuport".

Draußen sitzen: Im Innenhof bewirtet an den warmen Tagen das „Vitus" im Gravenreutherhaus (Hinter der Grieb 8).

Dampfnudeln: Im Baumburger Turm (Watmarkt 4) serviert der „Dampfnudel-Uli" duftende Dampfnudeln und Oberpfälzer Spezialitäten in der ehemaligen Hauskapelle der Patrizierburg.

Übernachten: Hotels in alten Patrizierburgen sind der „Rote Hahn" (Rote-Hahnen-Gasse), das „Goldene Kreuz" und die „Arch" am Haidplatz sowie der „Kaiserhof am Dom" (Kramgasse).

Heute stechen noch 20 von ihnen aus der Dächerlandschaft heraus, häufig aber nicht mehr in ihrer ursprünglichen Höhe. Prominentester „Überlebender" unter den zur Straßenseite meist reich verzierten und nicht selten bemalten Geschlechtertürmen ist der „Goldene Turm" in der Wahlenstraße. 42 Meter Höhe machen ihn zum höchsten unter den Patriziertürmen und zum Wahrzeichen Regensburgs. Das dazugehörige Patrizierhaus des 13. Jahrhunderts ist eine Vierflügelanlage, die sich von ihrer Schauseite an der Wahlenstraße bis zur Unteren Bachgasse zieht. Da sich hier ein Studentenwohnheim befindet, sind die Renaissance-Arkaden im Innenhof leicht zugänglich.

Ebenfalls zwischen Wahlenstraße und Unterer Bachgasse liegt das „Kastenmayerhaus". Der massige Wohnturm an der Wahlenstraße wirkt mit seinem grauen Mauerwerk und vier romanischen Fenstern besonders mittelalterlich. Doch der unmittelbare Nachbar dieses Anwesens aus dem 13. und 14. Jahrhundert an der Unteren Bachgasse ist deutlich älter: Hier steht der früheste bekannte Wohnturm Regensburgs. Er wurde im 11. Jahrhundert errichtet. An seinem Anbau erkennt man ein romanisches Portal.

Natürlich lohnt nicht nur der Blick nach oben, sondern auch der hinter die Fassaden und in die Innenhöfe. Doch das ist nicht überall so leicht möglich wie in der Gasse „Hinter der Grieb", wo einige Patrizierhäuser eng beieinander stehen. Unter ihnen ist das Gravenreutherhaus, eine Patrizierburg des frühen 14. Jahrhunderts, in

Das Runtingerhaus an der Keplerstraße.

der sich heute ein Gästehaus der Universität Regensburg befindet. Im Hof bewirtet das Restaurant und Café „Vitus". Die Vierflügelanlage des Gravenreutherhauses entstand aus mehreren Turmhäusern: Zwei Türme auf der Rückseite sieht man aber nur vom Innenhof aus. An der Straßenfront bewachen zwei fast vollplastisch gearbeitete Figuren – Hund und Affe – das Portal zum Westflügel.

Quasi gleich ums Eck findet man um den Haidplatz drei der Patrizierburgen: Mit Türmen präsentieren sich hier das Goldene Kreuz und die Neue Waag, die „Arch" ist turmlos. Ihre Innenhöfe sind zugänglich, was sich vor allem bei der Neuen Waag lohnt: In ihrem Hof sieht man Renaissance-Arkaden aus dem Jahr 1575 und das Fresko, das an das „Regensburger Religionsgespräch" von 1541 erinnert.

Bild links: Das Goliathhaus – das Fresko an seiner Nordfassade entstand 1570.

Angesichts der Vorliebe des Stadtpatriziats für die Geschlechtertürme verwundert es kaum, dass auch Bauherren wie der Bayernherzog oder die Freie Reichsstadt eine Neigung zur Höhe entwickelten. So war der um 1231 entstandene Römerturm, der Bergfried der herzoglichen Pfalz am Kornmarkt beim Dom, auch ein Wohnturm. Der wenig später entstandene Rathausturm und sein dazugehöriger „Wohntrakt" gleichen äußerlich ebenfalls einer Patrizierburg.

Zwischen Rathaus und Dom stehen drei der auffallendsten Patrizierburgen der Stadt. Der 28 Meter hohe Baumburger Turm am Watmarkt (Mitte 13. Jahrhundert) ist mit seinen sieben Geschossen zweithöchster der Patriziertürme Regensburgs. Mit seiner großen Loggia und seinen Zweier- und Dreierarkaden an der Schaufront ist dieser 1968 renovierte und neu verputzte

Im Patrizierhaus an der Keplerstraße war einst das Gasthaus „Zum Blauen Hecht".

Bau eines der schönsten Beispiele frühgotischer Geschlechtertürme.

Vom Watmarkt bis zur Goliathstraße erstreckt sich das neben dem Goldenen Turm und dem Baumburger Turm wohl markanteste Patrizierhaus der Donaustadt – das Goliathhaus. Den im 13. Jahrhundert entstandenen Stammsitz der reichen Familie Thundorfer kennt man wegen des Monumentalfreskos von 1570 an der Nordfassade, auf dem David eben zum Wurf mit der Schleuder auf den Riesen ausholt. Das Innere des Hauses ist im 19. Jahrhundert zerstört worden.

Reiche Runtinger

Zu den bedeutendsten Patrizierhäusern Regensburgs zählt das Runtingerhaus an der heutigen Keplerstraße. Seinen Namen erhielt das Anwesen von der Kaufherrenfamilie Runtinger, die es 1367 erwarb. Die Familie, die über dem Tor ihr bis heute sichtbares Wappen anbrachte, kam durch Fernhandel zu Reichtum. Das „Runtingerbuch" – Geschäftsaufzeichnungen der Jahre 1383 bis 1407 – gilt als das wichtigste Kaufmannsbuch des deutschen Mittelalters. Die 1410 verstorbene Margarete Runtinger machte sich als mittelalterliche Unternehmerin einen Namen. Ihren Grabstein findet man in der Ruine der Obermünsterkirche.

Das Haus Heuport am Domplatz entstand um 1300 und gilt als Musterbeispiel einer Patrizierburg. Der Rest ihres Wohnturms an der Ecke Kramgasse ist gut zu erkennen. Der Blick in den Innenhof und in das Treppenhaus lohnt sich allemal.

Der Nähe zur Donau und damit der Schifffahrt sowie der Lage an den viel befahrenen Straßen zur Steinernen Brücke ist es wohl geschuldet, dass gleich drei ehemalige Patrizierhäuser an der Nordseite der Altstadt zu Gasthöfen wurden. Zwei davon liegen an der Keplerstraße: Das Runtingerhaus – einst der Sitz einer der wichtigsten Familien Regensburgs – entstand seit dem 13. Jahrhundert über romanischen Resten. Nach 1576 war hier der Gasthof „Zur goldenen Krone", eines der vornehmsten Häuser der Stadt. Gleich neben dem stattlichen Treppengiebelhaus entdeckt man das Wirtshauszeichen des seit 1576 bekannten Gasthofs „Zum Blauen Hecht" und erkennt am gotischen Wohnturm des Hauses die ursprüngliche Nutzung als Patrizierburg. An der Ostengasse liegt ein Mitte des 13. Jahrhunderts erbautes Patrizierhaus. Dort entstand um 1500 ein Brauhaus. Eine alte Ortsbezeichnung gab dem so entstandenen Gasthaus „Zum Bär an der Kette" den Namen.

Ihr Weg zu Fuß

Ziel: Die „Wolkenkratzer" des Mittelalters und eine einzigartige Stadtlandschaft sehen.

Zeit: Nicht wirklich eine Tour – man stößt immer wieder einmal auf eine Patrizierburg und einen Wohnturm. Die schönsten Bauten stehen aber ganz eng beieinander – zwischen Domplatz und Haidplatz und damit nur wenige Gehminuten voneinander entfernt.

Was man unbedingt sehen sollte: den ❶ Goldenen Turm (Wahlenstraße 16), den höchsten Patrizierturm der Stadt. Ganz nah ist hier das ❷ Kastenmayerhaus (Geschlechterturm an der Wahlenstraße 24), die Rückfront (Untere Bachgasse 15) ist der Nachbar des ältesten Patrizierturms der Stadt (Untere Bachgasse 13).

Drei der sehenswertesten Patrizierburgen liegen zwischen Rathaus und Dom: der ❸ Baumburger Turm (Watmarkt 4), das ❹ Goliathhaus (Goliathstraße 4/Watmarkt 5) mit dem Fresko an der Goliathstraße und das ❺ Haus Heuport (Domplatz 7/Kramgasse 12) mit einem gut erkennbaren Turmrest.

Um den Haidplatz herum gruppieren sich das ❻ Goldene Kreuz (Haidplatz 7), die ❼ Neue Waag (Haidplatz 1) sowie die ❽ Arch (Haidplatz 3/4). Hier ist das ❾ Gravenreutherhaus (Hinter der Grieb 8/Vor der Grieb 1) ganz nah. Gleich neben ihm steht der Löblturm (Hinter der Grieb 2), in dessen Innenhof ein „Judenstein" an die Vertreibung der Judengemeinde im Jahr 1519 erinnert.

Im Norden der Altstadt und zur Donau hin liegen Patrizierburgen, deren weitläufige Bauten in späteren Jahren zu vornehmen Gasthöfen werden sollten. Nahe der Steinernen Brücke liegen das ❿ Runtingerhaus (Keplerstraße 1) und das ehemalige Gasthaus ⓫ „Blauer Hecht" (Keplerstraße 7) – es ist gut am Wirtshausschild zu erkennen. Ebenfalls durch sein Wirtshauszeichen bekannt wurde das Gasthaus ⓬ „Zum Bär an der Kette" (Ostengasse 16).

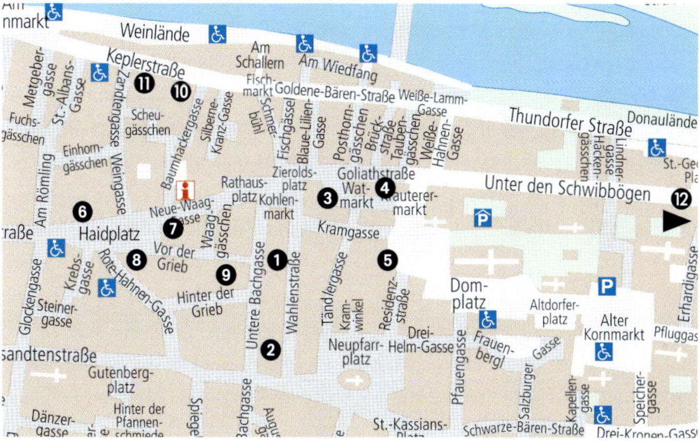

Frühes Parlament im Alten Rathaus: der „Immerwährende Reichstag"

Ein Gang durch das Regensburger Rathaus verdeutlicht gleich zwei wichtige Epochen in der Geschichte der Donaustadt, die sich während anderthalb Jahrhunderten sogar noch überlappten – die Zeit der Freien Reichsstadt und die des „Immerwährenden Reichstags". Mit dem Letzteren begann in Regensburg sozusagen die Geschichte des deutschen Parlamentarismus und auch die Geschichte der Fürsten Thurn und Taxis in der Donaustadt. Spuren des „Immerwährenden Reichstags" und seiner „Abgeordneten" findet man aber nicht allein im Rathaus, sondern weit über die Altstadt verstreut.

Vom 11. bis zum 13. Jahrhundert war zwar die Blütezeit Regensburgs, weil die Stadt ein politisches Machtzentrum war und durch den Fernhandel reich und deshalb schön wurde. Die „Herren im eigenen Haus" waren die Regensburger allerdings noch längst nicht, denn Kaiser, Könige, Bayernherzöge und Bischöfe hatten hier das Sagen.

Das änderte sich erst 1245, als der legendäre Stauferkaiser Friedrich II. (der Enkel Kaiser Friedrich Barbarossas) Regensburg zur Freien Reichsstadt machte. Wohl schon im Jahr vor dem kaiserlichen Privileg begann der Bau am Regensburger Rathaus. Sein ältester Teil ist der 55 Meter hohe, achtgeschossige Rathausturm. Nach einem Brand um das Jahr 1360 wurde er bis 1363 wieder instand gesetzt. Damals errichtete man auch den Reichssaal – das bedeutendste profane gotische Bauwerk Regensburgs – anstelle eines

Bild oben: Hinter der Rathausfassade mit dem markanten Erker liegt der 1363 erbaute Reichssaal. Dort beriet sich der „Immerwährende Reichstag".

Ältester Bauteil des gotischen Rathauses ist sein 55 Meter hoher Turm.

abgebrannten Vorgängerbaus. Der Reichssaal nimmt die ganze Länge des Obergeschosses des westlichen Rathaustrakts ein. Von außen ist dieser Bauteil durch seinen filigranen zweigeschossigen Erker zu erkennen.

In den gotischen Mitteltrakt des Rathauses wie in den Westbau kommt man seit zirka 1410 durch den Portalbau, der eine Freitreppe ersetzte. Das spätgotische Portal wurde eines der Regensburger Wahrzeichen. Über den beiden steinernen Schilden mit dem

Der Reichssaal ist das wichtigste profane Bauwerk der Gotik in Regensburg.

Wappen der Stadt drohen die Halbfiguren der Geharnischten „Schutz und Trutz“ mit einem Streithammer und einem Steingeschoss. Links neben den schweren geschmiedeten Türflügeln des Portals, hinter denen die Treppe in die Vorhalle des Reichssaals führt, sind seit dem 15. Jahrhundert die in der Stadt einst gebräuchlichen Maße Schuh, Elle und Klafter ins Mauerwerk eingelassen.

Nach der Vorhalle führt der Weg wahlweise in den Reichssaal, der zunächst als städtischer Festsaal diente, oder in das Kurfürstliche Kollegium, in dem sich bis zum Bau des barocken Erweiterungstrakts östlich des Rathausturms die Ratsstube der 16 Mitglieder des Inneren Rats der Reichsstadt befand. Die Anbauten, die in den Jahren 1659 bis 1662 und von 1721 bis 1723 errichtet wurden, dienen noch heute als Verwaltungsgebäude beziehungsweise bieten im Erdgeschoss Platz für die Bewirtung im „Ratskeller“.

Die Trakte mit dem am besten erhaltenen gotischen Rathaus Deutschlands aber wurden 1973 saniert und beherbergen seit dieser Zeit das „Reichstagsmuseum im Alten Rathaus“. Denn das Rathaus der Reichsstadt wurde für mehr als 140 Jahre ein Zentrum deutscher und europäischer Politik: Es war von 1663 bis 1806 der Schauplatz des „Immerwährenden Reichstags“.

Bereits seit dem frühen Mittelalter waren in Regensburg viele Reichstage abgehalten worden. Ab 1532 löste Regensburg die weitaus bedeutendere Reichsstadt Augsburg als wichtigsten Austragungsort von Reichstagen ab, seit 1594 wurden sie ausschließlich in die Donaustadt vergeben. Die zentrale Lage Regensburgs war nur ein Grund dafür. Viel wichtiger aber war, dass die

Bild rechts: „Schutz und Trutz“ am Rathausportal – eines der Wahrzeichen von Regensburg.

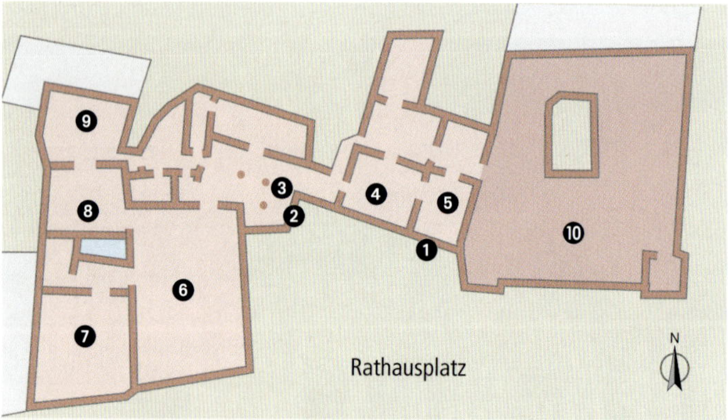

❶ Rathausturm ❷ Portal ❸ Vorhalle ❹ Ratsstube und Kurfürstliches Kollegium ❺ Kurfürstliches Nebenzimmer ❻ Reichssaal ❼ Fürstliches Kollegium ❽ Fürstliches Nebenzimmer ❾ Dauerausstellung ❿ barocke Anbauten

Oben edles Interieur, unten dunkle Verliese: In Kellergewölben des gotischen Rathauses sieht man die „Fragstatt" mit original Folterinstrumenten und finsteren Loch- und Blockgefängnissen. Im „Armesünderstübchen" warteten die zum Tod Verurteilten auf ihre Hinrichtung.

Am grünen Tisch

Wegen des „Immerwährenden Reichstags" entstanden – angeblich – zwei Redewendungen, die man bis heute kennt: „Eine Entscheidung am grünen Tisch fällen" erinnert an die oft weltfremden Entscheidungen, die an dem mit einem grünen Tuch bedeckten Tisch des Kurfürstenkollegiums getroffen wurden. „Eine Entscheidung auf die lange Bank schieben" wurde zum geflügelten Wort, da sich die Reichsstände des Öfteren nicht einigen konnten. Ungelöste Fragen wurden an das Fürstenkollegium auf den langen Bänken an den beiden Seiten des Reichssaals zur neuerlichen Beratung zurückverwiesen.

Kaiser des österreichischen Erzhauses Habsburg den missgünstigen Wittelsbachern Paroli bieten wollten.

Denn die Bayern hatten sich nie mit dem Verlust ihrer einstigen Hauptstadt abgefunden und schikanierten darum die Regensburger mit Wegzöllen und anderen kleinlichen Bösartigkeiten, um so die Freie Reichsstadt erneut in ihr Herrschaftsgebiet zu zwingen. 1486 unterstellte sich die Stadt tatsächlich dem Bayernherzog, der Regensburg jedoch auf Druck des Kaisers 1492 wieder aufgeben musste. Aus Rache erhob der Herzog 1496 Stadtamhof zur Stadt, die Regensburg schon am anderen Ende der Steinernen Brücke die bayerische Macht vor Augen führte. Für die Habsburger aber blieb es wichtig, Regensburg als „Pfahl im Fleisch der Bayern" zu stärken. Dass es nach 1663 zum „Immerwährenden Reichstag" kam, geschah dennoch zufällig.

Die Reichsstände mussten damals zusammenbleiben, weil schlicht und einfach immer ein Rest an unerledigten Entscheidungen übrig blieb. Bis 1806 sollte der Reichstag in Regensburg schließlich dauern, der heute gern als Vorläufer späterer deutscher Parlamente, der Europäischen Union und gar der UNO-Generalversammlung gesehen wird. Sicher ist: Der „Immerwährende Reichstag" regelte auf jeden Fall mehr als 140 Jahre lang die mehr oder weniger reibungslose Koexistenz hunderter größerer bis winziger Landesherrschaften im Heiligen Römischen Reich Deutscher Nation.

Heute führen die Sitzordnung des Reichssaals im Rathaus, der ursprünglich als Festsaal und Versammlungsort für die Stadtoberen gebaut worden war, seine Eingänge und die benachbarten Räume die Funktionsweise des ersten deutschen „Parlaments" bildhaft vor Augen. Die zunächst sieben, später neun Kurfürsten bildeten das Kurfürstenkolleg: Ihnen stand mit dem Kurfürstlichen Kollegium in der Ratsstube der beste Beratungsraum zu. Sie besaßen je eine Stimme und durften den Reichssaal durch die gleiche Tür

Reichsadler an der Decke des Kaisersaals der Fürstenherberge „Goldenes Kreuz".

Tipps

Tourist-Info: Die Regensburger Tourist-Information findet man im Westbau des Rathauses unterhalb des Reichssaals. Geöffnet: Mo – Fr 9.15 – 18 Uhr, Sa 9.15 – 16 Uhr, So/Fei 9.30 – 16 Uhr (November bis März nur bis 14.30 Uhr). Auskünfte: Telefon 09 41/5 07-44 10 oder -44 11 (www.regensburg.de).

Reichstagsmuseum: Zu allgemeinen Führungen und zu Spezialführungen im Alten Rathaus (für Gruppen jederzeit nach Vereinbarung) informiert die Tourist-Information (siehe oben). Im Rathaus erklärt eine im Jahr 2003 neu konzipierte Dauerausstellung den „Immerwährenden Reichstag".

Süße Politik: „Regensburger Reichstags-Konfekt" findet man in der Konditorei „Prinzess", der ältesten Confiserie in Deutschland (Rathausplatz 2).

Gastro-Tipps: Im Rathaus bewirtet der „Ratskeller". Das „Hofbräuhaus" findet man direkt gegenüber dem Rathaus.

Übernachten: Ganz nah beim Alten Rathaus und unter Stuckdecken wie zu Zeiten der Reichstage nächtigt man im noblen „Orphée" (im „Großen Haus" in der Unteren Bachgasse 8 oder im „Kleinen Haus" in der Wahlenstraße 1). In Rathausnähe bietet auch das „Altstadthotel am Pach" (Untere Bachgasse 9) historisches Flair. Im „Bischofshof" (Krauterermarkt 3) und in der früheren Fürstenherberge „Goldenes Kreuz" (Haidplatz 7) logierten einst die Kaiser, heute übernachten bürgerliche Gäste.

Dort residierende Gesandte gaben der Gesandtenstraße den Namen. Hier steht die evangelische Dreieinigkeitskirche.

wie der Kaiser betreten. Das prächtig getäfelte Kurfürstliche Nebenzimmer bot Raum für geheime Verhandlungen.

Den Reichsfürsten im Fürstenkolleg (den Fürsten, Grafen und Prälaten) standen insgesamt 100 Stimmen zu. Sie erhielten immerhin den größten und sogar beheizbaren Beratungsraum mit eigenem Zugang zum Reichssaal – das Fürstliche Kollegium im Westbau des Rathauses. Im abgelegensten und überdies kleinsten Raum hatten sich die Abgeordneten der 50 Reichsstädte zu beraten.

Im Reichssaal saß der Kaiser um vier Stufen erhöht vor der Versammlung, neben ihm – zwei Stufen niedriger – die Kurfürsten. Auf den um eine Stufe erhöhten Seitenbänken platzierten sich die Fürsten, auf Bänken in der Mitte die Grafen und Prälaten. Hinter ihnen, durch eine Absperrung getrennt, saßen ebenerdig die Vertreter der Reichsstädte sowie die Sekretäre. Und weil der Kaiser natürlich nicht ständig in Regensburg sein konnte, ernannte er einen Stellvertreter, den so genannten Prinzipalkommissar. 1748 übernahm Fürst Alexander Ferdinand von Thurn und Taxis das kostspielige Amt, das seine Familie bis 1806 verwaltete.

Die Anwesenheit bei den Reichstagen war für den Prinzipalkommissar reichlich teuer – man hatte schließlich zu repräsentieren. Auch Kurfürsten ließen sich aus Zeit- und Kostengründen von Gesandten vertreten. Die weltlichen und geistlichen Herren des Fürstenrats sowie die Reichsstädte verständigten sich oft auf gemeinsame Abgesandte. Mit 70 Diplomaten aus Deutschland und europäischen Ländern wie Frankreich, England und Russland sowie mit deren Gefolge hielten sich immerhin rund tausend Menschen zusätzlich in der Stadt auf.

Die Gesandtenstraße erhielt Ende des 18. Jahrhunderts ihren Namen, weil dort oder in der Nähe viele Diplomaten des „Immerwährenden Reichstags" ihr Domizil suchten. Drei prächtige Stadtpaläste an den beiden Enden der Gesandtenstraße erinnern daran: Das klassizistische Präsidialpalais am Bismarckplatz wurde 1804/05 für den französischen Gesandten errichtet. Am Bismarckplatz war der Sitz der Herzog-

Barocke Grabmäler des Gesandtenfriedhofs bei der Dreieinigkeitskirche.

lich-Württembergischen Gesandtschaft, am Arnulfsplatz die russische Gesandtschaft. Am Neupfarrplatz sieht man

Das Palais des französischen Gesandten am Bismarckplatz entstand 1804/05.

Das Palais der Kursächsischen Gesandtschaft am Neupfarrplatz ist der schönste Rokoko-Palast Regensburgs.

das „Löschenkohl-Palais": Die Kursächsische Gesandtschaft mietete das schönste Rokoko-Palais der Stadt nach dem Bankrott des Bauherrn an.

Dass sich Regensburg für Reichstage anbot, lag auch daran, dass sich hier beide Konfessionen gut aufgehoben fühlen konnten. Zwar war die Reichsstadt 1542 protestantisch geworden. Der Dombezirk und die Reichsstifte St. Emmeram, Nieder- und Obermünster waren allerdings katholisch geblieben. 1627 bis 1631 war an der Gesandtenstraße die Dreieinigkeitskirche entstanden. In ihrem Kirchhof erinnern 20 Grabdenkmäler an protestantische Gesandte, die in Regensburg verstarben.

Die Reichstage brachten prominente Gäste in die Donaustadt. Goethe war da, Mozart und Haydn: Sie übernachteten im „Weißen Lamm" bei der Steinernen Brücke. Unweit davon verstarb 1630 der Mathematiker und Astronom Johannes Kepler im Haus eines Bekannten, als er während eines Aufenthalts des Kaisers in Regensburg ausstehende Gelder einfordern wollte. In seinem Sterbehaus erinnert heute das Kepler-Gedächtnishaus an den großen Wissenschaftler.

Kaiser und Fürsten logierten nobler: zum Beispiel in der Fürstenherberge „Goldenes Kreuz" am Haidplatz, wo Kaiser Karl V. mit der Regensburgerin Barbara Blomberg einen Sohn zeugte. Der Kaisersaal im ersten Obergeschoss, dessen Stuck den Reichsadler und die vier Elemente zeigt, ist vom Haidplatz aus ab und an durchs geöffnete Fenster zu sehen. Er entstand erst später – in der barocken Glanzzeit des Gasthofs. Auch im Bischofshof logierten die Kaiser während der Reichstage. In dessen Räumlichkeiten wurde 1810 die Stadt offiziell an Bayern übergeben – eine Gedenktafel erinnert daran.

Ihr Weg zu Fuß

Ziel: Das Rathaus der Freien Reichsstadt sehen und von dort aus Erinnerungen an den „Immerwährenden Reichstag" suchen.

Zeit: Mit einer Rathausbesichtigung in zwei bis drei Stunden zu machen.

Die Tour zu reichsstädtischem Rathaus und Reichstagen beginnt beim ❶ Alten Rathaus und im dortigen Reichstagsmuseum. Die einstige Fürstenherberge ❷ Goldenes Kreuz mit dem barocken Kaisersaal liegt nur wenige Schritte entfernt am Haidplatz. Auf dem Weg zum Bismarckplatz kommt man am Ausleger der schon 1633 gegründeten ❸ Elefanten-Apotheke vorbei, die als die beste im ganzen Reich galt. Sicherlich haben die Gesandten am Reichstag ihren Ruf maßgeblich verbreiten helfen. Am höher gelegenen südlichen Ende des Bismarckplatzes sieht man bereits von Weitem die Portikus-Säulen am ❹ Palais des französischen Gesandten.

Beim Bismarckplatz beginnt die leicht geschwungene ❺ Gesandtenstraße, die von hier bis zum Neupfarrplatz die Altstadt durchzieht. Beim Weg durch die Gesandtenstraße stößt man an der Abzweigung zur Gasse „Am Ölberg" auf die barocke Dreieinigkeitskirche. Dort sieht man im ❻ Gesandtenfriedhof imposante barocke Grabdenkmäler (darunter sogar das eines schwedischen Generals).

Am anderen Ende der Gesandtenstraße findet man das ❼ Löschenkohl-Palais am Neupfarrplatz – es war der Sitz der Kursächsischen Gesandtschaft. Und im ❽ Bischofshof am Krauterermarkt endete hochoffiziell die Ära der Freien Reichsstadt. In der Keplerstraße liegt das ❾ Kepler-Gedächtnishaus, in dem der Mathematiker und Astronom während eines Reichstags verstarb.

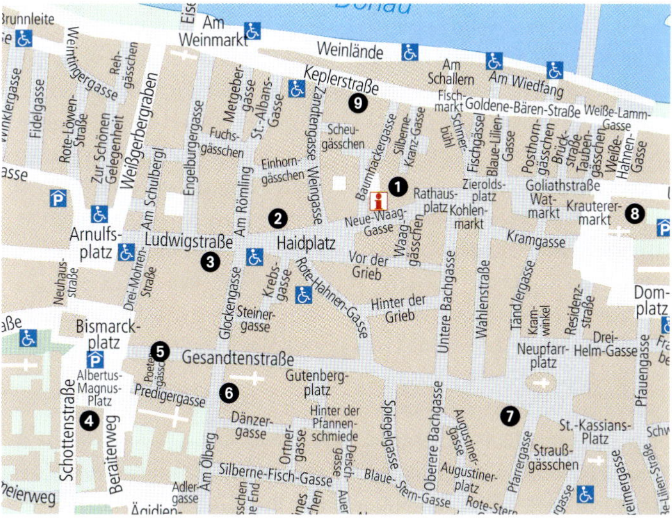

Zu Spuren der Römer in Regensburg: Marc Aurel, Mauern und ein Museum

Regensburg wurde 179 n. Chr. von den Römern gegründet – dies bezeugt nicht zuletzt die älteste „Gründungsurkunde" einer deutschen Stadt. Reste eines römischen Stadttors – die Porta Praetoria – und der Stadtmauer von „Castra Regina" sind noch heute zu sehen. Doch nicht nur beim Sightseeing und im Museum kann man die Regensburger Römer entdecken. Führungen und eine Galeere auf der Donau lassen die Legionäre „lebendig werden".

Mancher Wanderer zwischen Regensburg und dem Donaudurchbruch bei Weltenburg wird sich schon die Augen gerieben haben: Da rudern doch glatt 30 römische Legionäre eine Galeere mit beinahe 20 Stundenkilometern Geschwindigkeit auf dem Fluss. Das originalgetreue, 22 Meter lange und knapp drei Meter breite Kriegsschiff entstand als Projekt von Studenten der Universität Regensburg. Äußerst beliebt ist auch die Zeitreise zu Lande: Eine Stadtführung in das römische Regensburg stößt auf starke Nachfrage. Denn schließlich gibt es in der Donaustadt nicht nur einiges zu den Römern zu sehen, sondern außerdem eine ganze Menge zur Geschichte der Stadtgründer zu erzählen.

Die Donau war für die Römer der „nasse Limes" und die Reichsgrenze. An ihrem nördlichsten Punkt entstand „Castra Regina" – beinahe exakt 100 Jahre nach der Gründung des ersten, 170 n. Chr. von einfallenden Markomannen zerstörten kleinen Lagers im Stadtteil Kumpfmühl. Das „Lager am Regen" wurde nach dem Flüss-

Bild oben: Die Regensburger Galeere der Legionäre ist weltweit der einzige schiffbare Nachbau eines Römerschiffs.

chen aus dem Bayerischen Wald benannt, der hier in die Donau mündet.

6000 Soldaten der dritten italischen Legion wurden auf Befehl Kaiser Marc Aurels am Donauufer stationiert. Auf dem Grundriss von 542 auf 453 Metern wuchs der größte Garnisonsort der Provinz Rätien (Hauptstadt war Augsburg, das rund 200 Jahre zuvor gegründet worden war). Eine Mauer aus Stein-

Wo sonst sollte eine Regensburger Stadtführung in die Zeit der Römer beginnen, wenn nicht an der Porta Praetoria, einem von nur zwei erhaltenen römischen Stadttoren in Deutschland?

Eine Zeitreise in das römische Regensburg ermöglichen die beliebten Familienführungen der Regensburger Gästeführer mit dem Titel „Veni – Vidi – Vici“. Man erlebt einen (beinahe) echten Römer…

Diese Bauinschrift von Castra Regina ist die älteste Gründungsurkunde einer deutschen Stadt. Der Legionskommandeur ließ die ursprünglich acht bis zehn Meter lange Tafel am Osttor anbringen. Lediglich zwei Fragmente blieben erhalten.

quadern wurde um die Römersiedlung gezogen – zehn Meter hoch, zwei Meter breit und mit einem Graben davor. Vier Tore und viele Türme wurden errichtet. Die Lage der Mauern ist noch heute im Straßenverlauf zu erkennen.

An das romanische Haus (Salzburger Gasse 1) wurden 1899/1900 Fragmente von drei ausgegrabenen römischen Türstöcken als kleine Pforte angebaut.

Schon im nächsten Jahrhundert wurde Castra Regina zweimal von Germanen zerstört und von den Römern erneut aufgebaut. Zum dritten Mal wurde die Keimzelle des heutigen Regensburg 358 zerstört, um 470 zogen die letzten Legionäre ab. Das Lager wurde nicht erobert, sondern aufgegeben. Die einfachen Leute blieben wohl in der Stadt zurück. In den folgenden Jahrzehnten setzten sich die Bajuwaren fest: 555 war Regensburg – nicht zuletzt wegen seiner massiven Befestigungsmauern – die Hauptstadt Bayerns.

Gäste der Stadt können heute Teile dieser Befestigung sehen: Der beeindruckendste ist die Porta Praetoria mit ihrem Flankenturm beim Bischofshof hinter dem Dom. Zusammen mit der

Die Südostecke der römischen Stadtmauer beim Ernst-Reuter-Platz.

Porta Nigra in Trier ist die nur Schritte vom südlichen Donauufer entfernte Porta Praetoria das älteste steinerne Stadttor Deutschlands. Von ihm aus kann man im Osten der Regensburger Altstadt dem Verlauf der Römermauer folgen – dabei ist jeweils zu sehen, wie stark die Bauten der Stadtgründer in nachfolgende integriert wurden.

Am St.-Georgen-Platz schließt die Nordostecke der Römermauer übergangslos an den Rest einer romanischen Kapelle an. Am Dachauplatz ist ein Stück der Stadtmauer im dortigen Parkhaus zu sehen. An der nahen Südostecke von Castra Regina entdeckt man in einem archäologischen Freigelände am Ernst-Reuter-Platz die römische Lagermauer in der direkten Nachbarschaft eines Teilabschnitts der mittelalterlichen Stadtmauer.

Mittelalter und Römerzeit vermengen sich auch beim romanischen Haus in der Salzburger Gasse, wo aus Bruchstücken 1899/1900 wiedergefundener römischer Türstöcke ein kleines Portal entstand. Verschiedenste Epochen der Bebauung Regensburgs vermischen sich auch bei unterirdisch begehbaren Ausgrabungen der Stadt: Unter den Grundmauern der romanischen Keller des jüdischen Viertels im „document Neupfarrplatz" liegen die Fundamente eines römischen Offiziershauses. Unter dem Niedermünster zeigt das „document Niedermünster" Grundmauern des römischen Militärlagers unter germanischen Bauwerken, darüber Reste eines Sakralbaus des 7. Jahrhunderts sowie der Pfalzkapelle der Bayernherzöge (mit den Gräbern des heiligen Erhard und der herzoglichen Familie).

Ein 93 Quadratmeter großes Grabungsareal findet man zudem im Velodrom (Kreuzgasse 5). Zu den Öffnungszeiten dieser Veranstaltungsstätte zeigt ein Schauraum unter dem Foyer die Reste

Den Bau der Porta Praetoria zeigt ein Modell im Historischen Museum.

zweier Räume eines römischen Gebäudes in der Lagervorstadt und Fragmente der dortigen Fußbodenheizung.

„Römer pur" findet man dagegen in der Abteilung „Römisches Regensburg" im Historischen Museum am Dachauplatz. Zu den Exponaten zählt die Bauinschrift aus dem Römerlager: Sie ist die älteste „Gründungsurkunde" einer deutschen Stadt. Zu den wertvollsten Fundstücken gehören ein Münzschatz sowie der Grabstein der Sarmannina aus dem 5. Jahrhundert – das älteste bekannte christliche Grabdenkmal in Bayern. Ein Modell demonstriert die römische Ingenieurskunst beim Bau der Porta Praetoria. Ein rekonstruiertes Wohnhaus zeigt mit einem Wohnraum und der Küche den Alltag der Römer.

Tipps

Römer rudern: Mit dem Schiff in die Römerzeit rudert die Regensburger Personenschifffahrt Klinger GmbH. Die weltweit einmalige Zeitreise im Nachbau einer römischen Galeere ist nur zu bestimmten Terminen möglich. Infos: Telefon 09 41/59 57 38 18 oder im Web (www.schifffahrtklinger.de).

Schlafen im Römerturm: Übernachtung in der „Römer-Suite" im Flankenturm der römischen Porta Praetoria bietet das Hotel „Bischofshof am Dom" (Infos unter Telefon 09 41/58 46-0 oder im Web: www.bischofshof-am-dom.de).

Zeitreise: „Veni – Vidi – Vici" heißt eine Zeitreise in das römische Regensburg. Diese Familienführung findet zu bestimmten Terminen – für Gruppen nach Vereinbarung – statt. Infos unter Telefon 09 41/5 07-44 10.

Museum: Funde, Rekonstruktionen und Modelle findet man im Historischen Museum am Dachauplatz in der Abteilung „Römisches Regensburg". Infos: Telefon 09 41/5 07-24 48 (Kasse) oder www.regensburg.de/museumsportal.

Ausgrabungen: Mauerreste des Castra Regina findet man im „document Niedermünster". Bis zum Jahr 2009 wird diese „Wiege Bayerns" jedoch saniert und ist deshalb nicht zugänglich.

Römerpark: Überreste einer römischen Siedlung unter einem schützenden Dach kann man im Stadtteil Prüfening von außen jederzeit besichtigen.

Ihr Weg zu Fuß

Ziel: Ein Weg zu den Spuren der Römer im Osten der Regensburger Altstadt.

Zeit: Ohne Führungen und ohne Velodrom in gut einer Stunde. Gruppen, die sich für beide Führungen anmelden, benötigen vier bis fünf Stunden.

Man startet bei der ▶ Porta Praetoria. Vom römischen Stadttor beim Bischofshof führt die Gasse „Unter den Schwibbögen" zur ▶ Nordostecke der Lagermauer am St.-Georgen-Platz. Entlang der Römermauer leitet die Adolph-Kolping-Straße zum Dachauplatz. Dort wurde ein ▶ Abschnitt der römischen Lagermauer in ein Parkhaus integriert. Gegenüber zeigt das ▶ Historische Museum seine Abteilung „Römisches Regensburg". Nach Süden folgt man der Dr.-Martin-Luther-Straße zur ▶ Südostecke der Römermauer (archäologisches Freigelände am Ernst-Reuter-Platz).

Von dort geht es zum ▶ „document Neupfarrplatz" (Eingang bei der Neupfarrkirche, nur mit Führung), wo man Reste eines Offiziersbaus sowie das Replikat einer Merkurfigur sieht. Das ▶ romanische Haus mit seiner Pforte aus römischen Türstock-Fragmenten (Salzburger Gasse, beim Herzogshof) und das ▶ „document Niedermünster" entdeckt man jeweils nah beim Alten Kornmarkt. Unter dem Niedermünster liegen Fundamente des Militärlagers der Römer. Im Westen der Altstadt sieht man in einem verglasten ▶ Schauraum des Velodroms Relikte (zum Beispiel der Heizung) eines römischen Gebäudes.

Geduldet, geschützt und vertrieben: Wege zu den Regensburger Juden

Die jüdische Gemeinde Regensburg war die erste Bayerns. 981 wurde erstmals ein Jude urkundlich erwähnt. Lange galt die Stadt als Insel der Toleranz, doch 1519 wurden die Juden vertrieben, ihr Viertel und ihre Synagoge zerstört. Das „document Neupfarrplatz" belegt dieses finstere Kapitel der Regensburger Geschichte als unterirdische Gedenkstätte. Auch die über die Stadt verstreuten Grabsteine vom nach der Vertreibung zerstörten jüdischen Friedhof erinnern an das leid- und wechselvolle Schicksal der jüdischen Gemeinde.

Man schrieb das Jahr 1995, als ein Bagger bei Bauarbeiten auf dem Neupfarrplatz knapp unter dem Straßenpflaster auf Reste jüdischer Häuser stieß. Bei den folgenden Ausgrabungen wurden neben den Kellern zahlreicher Häuser auch die Fundamente der frühgotischen Regensburger Synagoge entdeckt. Das war eine Sensation – denn man hatte die Synagoge eigentlich unter der Neupfarrkirche vermutet, die anstelle des zerstörten jüdischen Gotteshauses entstanden war.

1996 wurde während der jahrelangen archäologischen Grabungen im Keller eines der zerstörten jüdischen Häuser ein Schatz mit 624 Goldmünzen gefunden. Auch dieser Fund erinnerte daran, dass sich früher zwischen Gesandtenstraße, Tändlergasse und Residenzstraße das jüdische Viertel mit seinen 40 Häusern erstreckt hatte. Der Name des mittelalterlichen Patrizierhauses Heuport gegenüber dem Hauptportal des Doms leitet sich zum Beispiel von einem Tor zum Viertel ab, vor dem Heu

Bild oben: Einer der 1519 verschleppten Grabsteine des jüdischen Friedhofs wurde am Emmeramsplatz eingemauert.

Die mittelalterliche „Judensau" an der Südfassade des Doms verhöhnte die Bewohner des nahen jüdischen Viertels.

verkauft wurde. Dass dieses jüdische Viertel in den Mauern des römischen Legionslagers lag, nimmt man heute als Indiz für eine frühe Ansiedlung.

Urkundlich belegt sind Regensburger Juden jedenfalls seit 981. Ihre Gemeinde war die erste Bayerns und mit rund 500 Menschen eine der größten in Europa. Auf ihre Bedeutung weist auch ein Vorgängerbau der 1519 zerstörten Synagoge hin, der bei Grabungen unter den Fundamenten gefunden wurde. Derartige Synagogen aus dem 12. Jahrhundert gibt es in Deutschland sonst nur noch in Köln und Speyer.

Man geht davon aus, dass die frühen Juden Regensburgs zunächst nicht diskriminiert wurden. Deutsche Könige und bayerische Herzöge waren ihre Schutzherren. So wurde zwar 1096 die gesamte jüdische Gemeinde von fanatisierten Kreuzfahrern in der Donau zwangsgetauft, doch durch ein Privileg Kaiser Heinrichs IV. konnten die Regensburger Juden bereits im Jahr

Tipps

„document Neupfarrplatz": Diese Gedenkstätte ist nur im Rahmen von Führungen zu begehen (für Individualgäste von Do – Sa, 14.30 Uhr, Karten: bei Tabak Götz, Telefon 09 41/5 48 31). Infos zu Führung und Karten sowie Termine für Gruppen und Schulklassen erhält man bei den Museen der Stadt Regensburg, Telefon 09 41/5 07-34 42.

Website: Ausführliche Informationen zur jüdischen Gemeinde bis 1519 und zu ihrer Geschichte bis zum Holocaust gibt es unter www.jg-regensburg.de.

Judensteine: Eine exakte Auflistung der bekannten Judensteine und ihrer Geschichte findet man in einem Standardwerk zur Stadt: „Regensburg – Kunst, Kultur- und Alltagsgeschichte".

Völlig selbstverständlich nutzen die Regensburger von heute den „Ort der Begegnung" des jüdischen Künstlers Dani Karavan, der an der Stelle der zerstörten Synagoge einen Platz des Miteinanders schaffen wollte. Das Kunstwerk gibt den Grundriss des 1519 zerstörten jüdischen Sakralbaus wieder.

Der Holocaust

Nach der Vertreibung der jüdischen Gemeinde im Jahr 1519 lebten seit 1669 wieder Juden in Regensburg. Während des Dritten Reichs wurde die hier ansässige jüdische Gemeinde erneut vernichtet – 200 bis 250 ihrer Angehörigen wurden Opfer des NS-Terrors. 1995 widmete Regensburg dem Fabrikanten Oskar Schindler eine Gedenktafel am Haus Watmarkt 5. Schindler, der 1200 Juden das Leben gerettet hatte, lebte nach dem Ende des Zweiten Weltkriegs zeitweilig in Regensburg. Der Kinofilm „Schindlers Liste" machte ihn 1993 weltberühmt.

darauf zum angestammten Glauben zurückkehren. Im 12. und 13. Jahrhundert wurde Regensburg eines der Zentren der jüdischen Gelehrsamkeit. Die Regensburger Talmudschule war weithin berühmt. Zur jüdischen Gemeinde gehörten erfolgreiche und zur Oberschicht zählende Großkaufleute: Um 1050 handelten sie schon mit Ungarn und Russland.

Seit dem 13. Jahrhundert schützte die Reichsstadt ihre jüdischen Mitbürger selbst. Als 350 Judengemeinden während der Pest der Jahre 1348/49 unter dem Vorwurf der Brunnenvergiftung vernichtet wurden (man geht von 12 000 Toten aus), schlossen sich in Regensburg wohl mehr als 200 Bürger zum Schutz ihrer jüdischen Nachbarn zusammen.

Die Zeiten änderten sich: Die Juden wurden mehr und mehr aus vielen Berufen gedrängt. Sie wurden – weil die Kirche Christen keine Zinsgeschäfte erlaubte – häufig Geldverleiher. Seit

Beeindruckendes Zeugnis der Judengemeinde: das „document Neupfarrplatz".

dem 15. Jahrhundert sah man an der Südfassade des Doms (und sieht bis heute) das Spottbild der „Judensau", an deren Zitzen Juden saugen. Weil es mit Regensburg wirtschaftlich bergab ging, suchte man „Sündenböcke" und fand sie in den Juden. 1474 wurde ein Regensburger Jude als „Giftmischer" verbrannt, zwei Jahre später wurden 17 Angehörige der jüdischen Gemeinde in der Folge so genannter „Ritualmordprozesse" inhaftiert und erst nach Intervention des Kaisers freigelassen.

Als der oberste Schutzherr der Juden – Kaiser Maximilian I. – starb, kam es 1519 zur Katastrophe. Die Reichsstadt beschloss wenige Tage nach seinem Tod die Vertreibung aller Juden. Das jüdische Viertel und die Synagoge wurden nach dem Abzug der Gemeinde niedergerissen. Der Ratsherr, Stadtbaumeister und Maler Albrecht Altdorfer zeichnete zwei Skizzen vom Inneren des Gotteshauses. Nur drei Wochen nach der Vertreibung schändete die Menge den jüdischen Friedhof.

Viele Grabsteine wurden – quasi als Trophäen – gut sichtbar in Regensburger Hauswände eingemauert. Derartige „Judensteine" sieht man heute zum Beispiel noch beim Rathaus, am Amberger Stadel, in der Neuen Waag am Haidplatz, am Neupfarrplatz, am Emmeramsplatz und selbst im Kreuzgang des Doms. Im Lochgefängnis des Alten Rathauses wurde einer der Grabsteine sogar als Abortsitz missbraucht. Der damalige Bürgermeister Kaspar Amann ließ im Hof seines Anwesens am Löblturm (Hinter der Grieb 2) einen Grabstein einmauern. Nach einem der teils weit verstreuten Steine erhielt der Platz „Am Judenstein" im Westen der Altstadt seinen Namen: Der Ratsherr Albrecht Altdorfer hatte diesen Grabstein dorthin verschleppt.

An die jüdische Gemeinde des Mittelalters aber erinnert das „document

Eine Gedenktafel an Oskar Schindlers Regensburger Wohnhaus, Grabsteine des jüdischen Friedhofs im Stadtpark. Bild rechts: Nach diesem Grabstein wurde der Platz „Am Judenstein" benannt.

Ihr Weg zu Fuß

Ziel: Zeugnisse der 1519 vertriebenen jüdischen Gemeinde sehen.

Zeit: Die Führung im „document Neupfarrplatz" dauert etwa anderthalb Stunden. Weitere Stationen sind in der ganzen Altstadt verstreut.

Bei der Suche nach der mittelalterlichen jüdischen Gemeinde in Regensburg gibt es keine Tour. Markante Plätze sind jedoch das ▶ „document Neupfarrplatz" mit dem benachbarten „Ort der Begegnung" und die ▶ „Judensau" am Dom (bei einer Führung entdeckt man auch den Judenstein im östlichen Domkreuzgang). Eingemauerte Grabsteine sind am Platz ▶ „Am Judenstein" sowie an einer Hausfassade am ▶ Emmeramsplatz (neben der Bruderhauskirche) zu sehen. Das Fragment eines jüdischen Steins findet man bei der Steinernen Brücke am Amberger Stadel. Den heutigen ▶ jüdischen Friedhof besucht man westlich der Altstadt im Stadtpark. Die ▶ Gedenktafel für Oskar Schindler hängt am Haus Watmarkt 5.

Neupfarrplatz" gleich neben der Neupfarrkirche als begehbares Mahnmal. Es präsentiert seinen Besuchern insgesamt drei der bei den Ausgrabungen gefundenen Keller, dokumentiert darüber hinaus Spuren aus römischer Zeit und belegt zugleich, dass die Neupfarrkirche teilweise aus dem Abbruchmaterial des jüdischen Viertels errichtet wurde. Ein Film in einem der Keller der zerstörten jüdischen Häuser erlaubt heute per Computeranimation den Gang durch das ehemalige Viertel und die Synagoge.

2004 entstand auf dem Neupfarrplatz der „Ort der Begegnung" des jüdischen Künstlers Dani Karavan. Sein begehbares Kunstwerk zeigt den Grundriss der 1519 zerstörten Synagoge. Der Ort wird heute von den Regensburgern – wie vom Künstler gewünscht – gern zum Ausruhen und Verweilen genutzt.

Regensburger Prominenz zwischen Johannes Kepler und Albrecht Altdorfer

So sehenswert und so geschichtsträchtig Regensburg auch ist: Auf der Liste der berühmten Regensburger fehlen die ganz prominenten Namen – der Glanz kam oft von außerhalb. Auch der große Mathematiker und Astronom Johannes Kepler verstarb eher zufällig in Regensburg. Doch dafür hat die Stadt gleich einen kompletten „Regensburger Heiligenweg" auf den Spuren bedeutender Christen zu bieten.

Wo benachbarte Großstädte wie Nürnberg einen Albrecht Dürer oder wie Augsburg einen Jakob Fugger oder einen Bertolt Brecht aufweisen können, fehlt es in Regensburg an vergleichbarer, zumal international bekannter Prominenz. Von den Fürsten Thurn und Taxis einmal abgesehen, verkörpern die großen Namen in der Donaustadt eher die „zweite Reihe" und stammen zumeist auch noch von außerhalb. In der Verbindung mit reizvollen Regensburger Sehenswürdigkeiten lohnt sich jedoch die Spurensuche allemal.

Bestes Beispiel: Auch der im Regensburger Stadtbild des Öfteren präsente große Mathematiker und Astronom Johannes Kepler wurde eher „zufällig" zum Regensburger Prominenten. Die Donaustadt erinnert daran, dass der im Jahr 1571 im württembergischen Weil der Stadt geborene Kepler am 15. November 1630 in einem Haus an der heutigen Keplerstraße verstarb.

Sein Sterbehaus wurde zum „Kepler-Gedächtnishaus", in dem heute die wissenschaftliche Leistung des Mathe-

Bild oben: Nach dem 1630 in Regensburg verstorbenen Johannes Kepler ist hier eine Straße benannt.

matikers und Astronomen mit seiner Büste, astronomischen Instrumenten, Büchern, Karten und Modellen zu den drei Keplerschen Gesetzen gewürdigt wird (Keplerstraße 5). Bemerkenswert sind zudem die originalgetreu rekonstruierten historischen Innenräume.

Vor seinem Ableben war Kepler zwar mehr als zehnmal in Regensburg, doch nur einmal über einen längeren Zeitraum. Zwischen 1626 und 1628 lebte seine Familie im nach ihm benannten Kepler-Wohnhaus (Keplerstraße 2) gegenüber dem Sterbehaus. Bei der Sanierung des Bauwerks aus der Zeit um 1250 kam eines der ältesten deutschen Häuser, das als Holzkonstruktion errichtet wurde, zum Vorschein. Die 750 Jahre alte Fassadenbemalung des Kepler-Wohnhauses konnte aufgrund von Befunden rekonstruiert werden.

Doch nicht einmal die ewige Ruhe des Johannes Kepler in der Stadt dauerte länger als ein paar Jahre. Schon während des Dreißigjährigen Kriegs wurde der Friedhof mit Keplers Grabstätte verwüstet – man geht davon aus, dass sie ganz und gar zerstört worden

Das Kepler-Denkmal in der Fürst-Anselm-Allee entstand 1808.

Im Kepler-Wohnhaus lebte die Familie des Naturwissenschaftlers 1626 bis 1628.

Das Wohn- und Sterbehaus des Regensburger Renaissance-Künstlers Albrecht Altdorfer steht in der Oberen Bachgasse.

Tipps

Päpstliche Stadt: Papst Benedikt XVI. lehrte einst in Regensburg. Deshalb bietet die Regensburg Tourismus GmbH ihre Führung „Papst Benedikt XVI. und Regensburg“ für Gruppen an (Infos und Buchung: Telefon 09 41/5 07-34 13). Und die Gruppenführung „Päpstliches Regensburg“ erklärt die Beziehungen der Stadt zum Papsttum (Infos: Telefon 09 41/59 99-2 55, www.stadtmaus.de).

Gedenkstätte: Das „Kepler-Gedächtnishaus“ gibt Einblicke in das Leben und Werk Johannes Keplers (Keplerstraße 5, Telefon 09 41/5 07-34 42).

Museum: Werke Albrecht Altdorfers findet man im Historischen Museum Regensburg (Dachauplatz) sowie im Diözesanmuseum St. Ulrich (Domplatz).

ist. 150 Jahre später erinnerte sich Regensburg an Kepler: 1808 erbaute Emanuel d´Herigoyen unweit des verlorenen Grabes einen kleinen Rundtempel als Denkmal. Doch noch immer war es mit der Keplerschen Ruhelosigkeit nicht vorbei. Wegen des Bahnhofsbaus wurde das Denkmal an den heutigen Standort in der Fürst-Anselm-Allee an die Südostecke des Schlossparks der Fürsten von Thurn und Taxis versetzt. In einem Tempelchen steht die Kopie der Keplerbüste, deren Original man im Gedächtnishaus sehen kann.

Auch vom berühmtesten „richtigen“ Regensburger, dem (aus Amberg zugewanderten) Maler, Kupferstecher, Holzschnitzer, Grafiker, Ratsherrn und Stadtbaumeister Albrecht Altdorfer (um 1480 bis 1558), gibt es hier noch einiges zu sehen. Das Wohnhaus des Schöpfers der „Alexanderschlacht“ steht an der Gesandtenstraße (Obere Bachgasse 7). Außer dem Altdorferhaus (im 13. Jahrhundert erbaut) erinnert seit 1982 der Albrecht-Altdorfer-Brunnen auf dem Altdorfer-Platz vor dem Herzogshof an ihn. Die unselige Rolle Altdorfers bei der Vertreibung der jüdischen Gemeinde Regensburgs im Jahr 1519 belegt das Grabdenkmal „Am Judenstein“, das der Ratsherr und Stadtbaumeister nach der Schändung des jüdischen Friedhofs in sein Garten- und Atelierhaus einmauerte.

Werke dieses Vertreters der „Donauschule“ (die sich vom handwerklich-formal gebundenen mittelalterlichen Malstil befreite) und Mitbegründers der deutschen Landschaftsmalerei findet man in Regensburger Museen. Bruchstücke der im Ostflügel des Bischofshofs 1887 wiederentdeckten Fresken des „Kaiserbades" sieht man neben Altarbildern aus Regensburger Kirchen im Historischen Museum. Altdorfers Tafelbild der „Schönen Maria" besichtigt man in der Kirche St. Johann beim Dom (als Kopie), das Original findet man im Diözesanmuseum St. Ulrich.

Das Stier-Wappen des Ulrich Schmidl sieht man am Haus Tändlergasse 24 am Neupfarrplatz. Der abenteuerlustige Landsknecht war als erster Geschichtsschreiber der La-Plata-Länder und als Mitgründer von Buenos Aires nach 20 Jahren aus Südamerika zurückgekehrt. Weil er als Protestant nicht in seiner katholischen Heimat Straubing bleiben wollte, erwarb der Religionsflüchtling das Regensburger Bürgerrecht. 1563 ließ Schmidl sein Wappen an der Ostfassade seines Hauses, das sich westlich bis zur Wahlenstraße erstreckte, anbringen. An den 1510 geborenen Abenteurer, der 1581 in Regensburg starb, erinnert heute eine Gedenktafel an der Hausfassade Wahlenstraße 23.

Das Stier-Wappen Ulrich Schmidls an der Tändlergasse 24 beim Neupfarrplatz.

Der Heiligenweg

Die Wirkungsstätten beliebter Heiliger, segensreich wirkender Bischöfe und verehrungswürdiger Märtyrer sind über die ganze Stadt verteilt. Deshalb hat das Dekanat Regensburg einen „Regensburger Heiligenweg" gestaltet. Eine Broschüre mit diesem Titel leitet Gäste zwischen dem Emmeramsplatz und dem Stadtteil Stadtamhof. Den Führer erhält man gratis am Domplatz 5 und bei der Tourist-Info (Altes Rathaus).

Der Weg „Auf den Spuren bedeutender Christen" beginnt im ▶ Historischen Museum mit dem ältesten christlichen Grabmal Bayerns. In der ▶ Dompfarrkirche Niedermünster sieht man einen Schrein mit den Reliquien des heiligen Erhard. Ein romanisches Relief des heiligen Emmeram, sein Hochgrab und die Emmeramskrypta findet man in ▶ St. Emmeram. Dort wurde Bischof Wolfgang in der Wolfgangskrypta bestattet. Die beiden Klosterheiligen sieht man im Deckenfresko der Kirche. Ein Denkmal des heiligen Albertus Magnus steht vor der ▶ Dominikanerkirche St. Blasius. Dieser bedeutende Dominikaner war Naturwissenschaftler sowie kurzzeitig Bischof von Regensburg. Das ▶ Kloster der Armen Schulschwestern v. U. L. Frau (Stadtamhof, Am Gries 19) erinnert an das Wirken der 1985 seliggesprochenen Maria Theresia von Jesu Gerhardinger. Und im ▶ Dom erinnern Grabdenkmäler an die Bischöfe Johann Michael Sailer und Georg Michael Wittmann. Eine Gedenktafel ist dem 1945 von Nazi-Schergen hingerichteten Domprediger Dr. Johann Maier gewidmet.

Was man als Besucher noch wissen will? Die Wege zu gutem Essen und Trinken und zur jeweils passenden Übernachtungsmöglichkeit. Wo geht es lang zum Shopping-Bummel? Und was gibt es hier zu erleben? Von Informationen zu den Regensburger Museen über die Spielstätten der Stadt bis zu den spannendsten Events findet man hier einige Antworten auf ein paar der wichtigsten Fragen, die jeder Gast sich stellt.

Deftige Spezialitäten und Biergärten, feine Küche und schicke Kneipen

Ob nun die weithin berühmte „Historische Wurstküche" bei der Steinernen Brücke die älteste Wurstküche der Welt ist oder nicht, müssen die Regensburger wohl mit der Konkurrenz im nahen Nürnberg ausfechten. Ganz und gar unstrittig ist: Die „Wurstkuchl" ist ein Touristenmagnet. Regensburger „Knacker" sind ebenso beliebt wie Weichser Radi oder Regensburger Biere. Sicher weit und breit einzigartig: Der in der Donaustadt gebraute Gerstensaft wird meist für einen guten Zweck getrunken, und in Regensburg ist der Bischof auch Brauerei-Chef. Im Stadtteil Winzer wird sogar Wein angebaut.

Sicher gibt es auch die feine Küche in Regensburg – aber ihr natürliches Biotop hat sie hier weniger. In der Donaustadt sind weniger zarte Nuancen als vielmehr nahrhafte Genüsse zuhause. Das wird schnell klar, wenn man die Spezialitäten Regensburgs auflistet.

Eine weit bekannte Spezialität sind kompakte Würste, die „Knacker". Nur außerhalb der Stadt nennt man sie „Regensburger". Ihren Namen interpretieren die einen so, dass er vom Schweinenacken (bayerisch: „Gnack") kommt, andere sagen, dass das Geräusch beim Hineinbeißen Pate stand. „Original Regensburger" sind nur die hier hergestellten Würste aus Fleischbrät und einer Einlage aus Schweinefleischwürfeln. Diese zehn Zentimeter lange und vier Zentimeter dicke Brotzeitwurst wird warm oder kalt verzehrt. Man serviert sie gern auf dem Rost gebraten, längs halbiert und „mit allem" in einer Semmel.

Bild oben: Weinreben wachsen im Stadtteil Winzer – geerntet wird mit Aussicht auf die Donau und den Dom.

Regensburger Schweinsbratwürste in der vielleicht ältesten Wurstküche der Welt.

„Mit allem" heißt: süßer Senf, Meerrettich und Essiggurke. Wer so etwas zu exotisch findet, ordert kurze dünne und streifig braun gebratene Regensburger Schweinsbratwürste auf Kraut – wie in der „Historischen Wurstküche" an der Steinernen Brücke.

Sie nennt sich „älteste Wurstküche der Welt", wenn auch in Dauerkonkurrenz mit einer Nürnberger Wurstküche. Wie dem auch sei: Wichtiger ist, dass die Würste frisch sind und das Drumherum passt. Im Fall der Regensburger Würste

Spezialität aus den Donau-Auen: der „Radi" aus dem Stadtteil Weichs.

Wo das Hotel „Bischofshof" beherbergt und mit „Bischofshof Bier" bewirtet, war früher auch die Brauerei der Bischöfe.

heißt das, dass der Senf dazu süß ist. Immerhin wird „Händelmaier's süßer Hausmachersenf" seit Generationen in der Stadt hergestellt. Händelmaier-Senf ist längst ein weit bekannter Markenartikel. Die Brötchen zur Wurst – aus Sicht eines Regensburgers sind das idealerweise „Schwarzer Kipferl" – sind knusprige lokale Berühmtheiten.

Biergarten mit schöner Aussicht: Auch der „Spitalgarten" schenkt Stiftungsbier aus.

Sie werden im „Ersten Wiener Backhaus Schwarzer" in der Oberen Bachgasse gebacken. Der Weg dorthin lohnt für Gäste sowieso – im 16. Jahrhundert gehörte dieses Haus dem berühmten Maler Albrecht Altdorfer.

Ebenfalls typisch für Regensburg ist der „Weichser Radi". Dieser Rettich gedeiht im Lössboden der Donau-Auen im Stadtteil Weichs. Angeboten wird er zum Beispiel an Marktständen vor dem Dom. Ein „Weichser Radi" veredelt typisch bayerische Brotzeiten, zu denen in aller Regel Bier serviert wird.

Auch beim Gerstensaft hat Regensburg Erwähnenswertes zu bieten: Denn in der Donaustadt genießt man das kühle Gebräu häufig für eine gute Sache. Drei Regensburger Brauereien sind nämlich Stiftungen für soziale Zwecke. So ist der Bischof hier Brauerei-Chef, weil „Bischofshof Bier" zwar nicht mehr im Bischofshof beim Dom gebraut wird, aber bis heute der katholischen Kirche gehört. Mitten in der

staurant David . Watmarkt 5 . Tel. 0941/561858 . www.hotel-bischofshof.de

Regensburger Gastlichkeit pur!

tel & Restaurant Bischofshof . Krauterermarkt 3 . Tel. 0941/5941010 . www.hotel-bischofshof.de

Das „Fürstliche Brauhaus“ an der Waffnergasse verwöhnt mit drei hier gebrauten Bieren, mit bayerischer Küche und mit einem schattigen Biergarten.

Stadt braut noch immer die „Brauerei Kneitinger“, seit 1985 eine Stiftung zugunsten der Alten- und Jugendhilfe. Und die Brauerei der St.-Katharinen-Spital-Stiftung im Stadtteil Stadtamhof hilft ein Altenheim finanzieren.

Eine lange Tradition und eine neue Braustätte hat das „Fürstliche Brauhaus Thurn und Taxis“. Erst seit kurzer Zeit lässt Gloria Fürstin von Thurn und

Fehlt in keinem Stadtführer für Regensburg: Der „Dampfnudel-Uli“ bewirtet in der ehemaligen Hauskapelle des Baumburger Turms am Watmarkt mit Regensburger Dampfnudeln, Kartoffelpuffern und Zwetschgendatschi.

Feine Küche in historischem Umfeld beim Tafeln im „Haus Heuport" am Domplatz.

Taxis in der Schaubrauerei im Neuen Marstall an der Waffnergasse neben dem Thurn-und-Taxis-Schloss fürstliche Biersorten in Flaschen abfüllen.

Seit 1721 stellen die Karmeliter am Alten Kornmarkt echten „Regensburger Karmelitengeist" her. Das Rezept ist geheim: Bekannt ist, dass ein Destillat aus „mindestens zwölf Kräutern" und mit beträchtlichem Alkoholgehalt entsteht. Der Inhalt der winzigen Flaschen soll bei Blähungen und Rheuma ebenso hilfreich sein wie bei Herzschwäche oder gar einer Ohnmacht.

Für die meisten Besucher der Stadt ist es kaum zu fassen, dass an den Donauhängen um die Hauptstadt der Oberpfalz bayerischer Wein angebaut und gekeltert wird. Dieser Baierwein erlebte – gefördert von Regensburger Klöstern – vom 13. bis zum 16. Jahrhundert seine große Zeit. 40 000 Liter sollen die bayerischen Herzöge jährlich für ihre Münchner Residenz geordert haben. Später war man nicht mehr so hart im Nehmen: „Oh glückliches Land, wo der Essig von selber wächst", räsonierte der Freiherr von Kreittmayer im 18. Jahrhundert. Heute wirbt man mit dem Prädikat „das kleinste Weinbaugebiet Deutschlands". Einige Weinbauern aus dem Stadtteil Winzer bieten Flaschenweine an. Und östlich von Regensburg (in Bach a. d. Donau) entdeckt man sogar Weinstuben und ein „Baierwein-Museum".

Abseits solcher lokalen Spezialitäten findet man in Regensburg natürlich eine äußerst vielfältige Küche. Einige Vertreter der ganz feinen Küche sind natürlich darunter – man tafelt häufig in historischem Ambiente oder mit Blick auf die Donau. Ebenfalls sehr speziell: Regensburg bietet viele bayerische Biergärten, jede Menge Gastronomie unter freiem Himmel und die wohl höchste Kneipendichte Deutschlands.

Schicke Bars in Mengen: Regensburg verwöhnt mit der möglicherweise höchsten Kneipendichte in ganz Deutschland.

Gastro-Tipps

Der Überblick im Web: Gastronomie von A bis Z mit Kurzporträt und Bild – unter www.lebensart-regensburg.de.

Herrschaftlich: Ob gebratenes Wildlachsfilet mit getrüffeltem Sellerie oder gefüllte Mango mit Krokant-Eis und karamellisiertem Engelshaar – das „Haus Heuport" (Domplatz) verwöhnt kulinarisch (und das zu angemessenen Preisen). Hier speist man stilvoll unter Kronleuchtern. Todschick: der Innenhof der mittelalterlichen Patrizierburg.

Himmlische Höhe: Von der Dachterrasse des Feinschmeckerlokals „David" im Goliathhaus (Watmarkt) genießt man die vielleicht schönste Aussicht auf den Dom. Hier verwöhnt der einstige Leibkoch der Fürsten von Thurn und Taxis mit feinster einheimischer Küche.

Feine Küche im Inselhotel: Genuss mit traumhaftem Blick auf Donau und Altstadt? Im „Restaurant Brandner" im „Sorat Insel-Hotel" delektiert man neben dieser Aussicht anspruchsvolle Küche mit ausgefallenen Kreationen.

Romanisch: Gut sitzt es sich vor dem „Herzogshof" und im stillen Innenhof – ein idyllischer Biergarten. Im Hotel „Herzog am Dom" speist man im feinen Restaurant. Der Herzogssaal eignet sich für größere Gesellschaften.

Oberpfälzisch mit Stil: Im „Bischofshof" am Krauterermarkt treffen sich Einheimische und Gäste. Hier findet man einen Schweinebraten ebenso wie gehobene Küche. Beliebt: der stilvolle Biergarten im Innenhof (mit Domblick).

Französisch: Das „Orphée" hat längst Kultstatus und ist aus der Regensburger Restaurantszene nicht wegzudenken.

Thurn und Taxis
PILSENER
HABEO QUOD DEDI
Thurn und Taxis
PILSENER
Nach Glanz und Gloria:
Jetzt ein
erfrischender Schluck
Thurn und Taxis.
www.thurnundtaxisbiere.de

Französische Küche – leckere Quiches und süße oder herzhafte Crêpes, mediterraner Fisch in Rotwein, mariniertes Fleisch und Klassiker wie die Zwiebelsuppe – macht die Auswahl schwer.

Raffiniert: Das Restaurant „Gänsbauer" (Keplerstraße) verwöhnt bodenständig und raffiniert mit ganz feiner Küche: im Winter am Kachelofen, im Sommer im efeuberankten Garten. Ein heißer Tipp.

Feine Küche: Sicher ein Glücksfall für Gourmets – die „Silberne Gans" direkt am Donauufer (Werftstraße 3).

Fürstlich: Wo früher fürstliche Kutschen standen, findet man im „Fürstlichen Brauhaus von Thurn und Taxis" an der Waffnergasse traditionelle Küche und drei Sorten selbstgebrautes Bier. Hier bewirten gleich zwei Biergärten: einer im Schlossgraben am Neuen Marstall, der andere unterm Glasdach im Hof des Alten Marstalls beim Schloss.

Blumig: Das Bistro „Rosarium" lockt in den Dörnbergpark. Hier genießt man im lauschigen Freisitz im Rosengarten mit Springbrunnen, bei Regenwetter sitzt man im Wintergarten.

Kinder: Im „Vitus" (Hinter der Grieb 8) freut man sich über Familien mit Kleinkindern. Im geschmackvollen französischen Restaurant mit bodenständiger Kneipe gibt es Platz zum Spielen. Ein Tipp ist der romantische Innenhof.

Wurstküche: Am Donaustrudel bei der Steinernen Brücke steht seit über 500 Jahren die „Historische Wurstküche". Wo sich im Mittelalter Steinmetze und Hafenarbeiter stärkten, ist vieles beim Alten geblieben: der offene Holzkohlengrill, hausgemachte Würstl, Sauerkraut aus dem eigenen Gärkeller und der hauseigene Wurstkuchl-Senf.

Mittelalterlich: Das Restaurant „Dicker Mann" (Krebsgasse 6) bewirtet im seit dem 14. Jahrhundert bekannten Gasthof – im Sommer draußen unter historischen Rundbögen oder im Innenhof.

Würstl ab 5 Uhr: Der Würstl-Toni auf dem Alten Kornmarkt ist eine original Regensburger Einrichtung. Er hat täglich außer sonntags bereits ab 5 Uhr morgens geöffnet und bietet immer gut gelaunt seine Regensburger an.

Vegetarisches: Das „Lokanta" (Wollwirkergasse/Ecke Haaggasse) lockt mit lockerer Atmosphäre und ausgezeichnetem kurdischem Essen bei äußerst günstigem Preis-Leistungs-Verhältnis.

Suppen, nur Suppen: Frisch gekocht schmeckt – je nach Saison – die leichte Spargelsuppe oder die wärmende Maronensuppe in der „Suppenbar" (Obere Bachgasse 12).

Dampfnudel: Im Baumburger Turm am Watmarkt bewirtet der „Dampfnudel-Uli". Im urigen Ambiente mit vielen Souvenirs und Andenken an der Wand duften in einer mittelalterlichen Hauskapelle locker-leichte Dampfnudeln.

Biergärten: Ein Biergarten mit altbayerischer Tradition ist der „Spitalgarten" (St.-Katharinen-Platz 1, Stadtamhof).

Krebsgasse 6 (Haidplatz) · 93047 Regensburg · Tel. (09 41) 5 73 70

Historischer Gasthof aus dem 14. Jahrhundert mit sonnigem Hofgarten vor und hinter dem Lokal

Gut essen und trinken

– das können Sie im »Dicken Mann«, der etwas versteckt in einer Seitengasse des Haidplatzes liegt.

Das Restaurant zählt zu den ältesten und schönsten Gasthöfen Deutschlands und ist bekannt für seine gute internationale Küche.

Sie kommen als Gast – und gehen als Freund

www.dicker-mann.de

Hier darf man die Brotzeit mitbringen. Man schaut dort auf den Dom und die Steinerne Brücke. Auch vom Biergarten der „Alten Linde" an der Müllerstraße begeistert der Bilderbuchblick auf dieses Panorama. Man sitzt unter uralten Bäumen und hört die Donau rauschen. Unter 400 Jahre alten Kastanien genießt man den Schattenplatz im Biergarten der „Kreuzschänke". Sie liegt versteckt am Rand der ehemaligen Stadtmauer in der Kreuzgasse.

Im „Kneitinger-Keller" in der Galgenbergstraße 18 findet man bayerische Lebensart, Biere aus der hauseigenen Brauerei und bayerische Brotzeiten. In historischem Ambiente, versteckt im idyllischen Innenhof, schmeckt es im „Augustiner Biergarten" (Neupfarrplatz 15). Mit südlichem Flair bewirtet der winzige Biergarten des „Amapola" (Am Römling 1). Im Biergarten der „Goldenen Ente" (Badstraße 32) treffen sich Studenten sowie Familien (Spielplatz, familiäre Grillabende). Außerhalb der Altstadt liegt der Biergarten der „Schloss Schänke" in Prüfening. Dort ist der verwunschene Schlosspark ein idealer Treffpunkt – auch für die Radler vom nahen Donau-Radwanderweg. Der „Spitalkeller" (Alte Nürnberger Straße) am Fuße des Dreifaltigkeitsbergs ist ein beliebtes Traditionswirtshaus mit einem schattigen Biergarten.

Cafés: Das „Café Goldenes Kreuz" am Haidplatz ist eine Regensburger Institution. Hier heißt es: „sehen und gesehen werden". Durch seine zentrale Lage bietet sich das „Café Prinzess" (Rathausplatz) für die Kaffeepause an. Prominent platziert: das „Konditorei-Café Prock" am Kohlenmarkt – gern sitzt man hier auch draußen. Im winzigen, stilvollen „Café Kaminski" (Hinter der Grieb 6) fühlt man sich wie in Italien. Draußen sitzen und frisch geröstete Kaffee trinken: In der „Café-Bar" in der Gesandtenstraße gefällt das italienische Flair. Französische Köstlichkeiten verwöhnen im „Café Opera" (in der Drei-Mohren-Gasse 3). In der „moccabar" (Brückstraße) genießt man mit Aussicht auf den Brückturm.

Die schicksten Bars: Die Regensburger Szene trifft sich im „Paletti" (Pustet-Passage). In einen Keller geht es zur „U-Bar", einer der beliebtesten Party-Locations der Stadt (Spiegelgasse 3). Die „Hab und Gut Trinkstätte" ist eine schicke Bar mit ausgefallenen Cocktails und einem kleinen Innenhof für den Sommer. Unter gotischen Steinbögen sitzt man in der „Cafébar Moritz" (Untere Bachgasse 15) – einen Freisitz gibt es hier auch. In der „Brasserie Dombrowski" (Domplatz/Ecke Kramgasse) sitzt man mit Blick auf den Dom. Partystimmung empfängt im geschmackvoll eingerichteten „Felix" (Fröhliche-Türken-Straße). „Je später der Abend" heißt es in der „Galerie" (Kohlenmarkt 6). Wenn alle anderen schließen, hat die „Wunderbar" in der Keplerstraße 11 immer noch offen.

Führung: „Die Nacht des Bieres" ist eine Führung rund ums Bier mit Schauspiel und Menü (www.stadtmaus.de).

Grundsätzlich: Es gäbe noch viel, viel mehr Empfehlenswertes…

SPITAL

Einfach traumhaft ist im Spitalgarten der Ausblick. Die Postkartenmotive Dom, Steinerne Brücke und Donau liegen direkt im Blickfeld des 800 Jahre alten Traditionsbiergarten. Zünftig bayrische Brotzeiten, Deftiges aus dem Ofen und das süffige Spitalbier sorgen für das berühmte bayrische Biergartengefühl.

Gaststätte Spitalgarten
Am Brückenfuss 1
93059 Regensburg
Telefon 09 41 / 8 47 74

www.spital.de

TRADITIONS·WIRTSHAUS
SPITAL·KELLER
BIERGARTEN!

Der Spitalkeller am Fuße des Dreifaltigkeitsbergs ist eines der ältesten Traditionswirtshäuser mit Biergarten und bayrischer Biertradition in Regensburg. In uriger und gemütlicher Atmosphäre in den rustikalen Gaststuben oder unter den großen Kastanien im gemütlichen Biergarten wird jeder Besuch zum Erlebnis.

Das SPITALKELLER-TEAM freut sich auf Ihren Besuch.

Gaststätte Spitalkeller
Alte Nürnberger Str. 12
93059 Regensburg
Telefon 09 41 / 89 41 69

www.spitalkeller-regensburg.de

Übernachtung mit Blick auf die Donau oder auf Geschlechtertürme

Eines muss man Regensburg lassen: So wie die Gastronomie hier besonders liebevoll und oft in reizvollem Ambiente bewirtet, so einzigartig ist auch die Häufung sehr persönlich geführter Häuser in idyllischer Altstadtlage, teils mit historischem Drumherum, teils mit Donaupanorama – und mitunter alles zusammen. Seelenlose 08/15-Hotels haben in der Welterbe-Stadt keinen Platz: Hier ruht man unter Stuck mit Blick auf Geschlechtertürme oder in feinen Hotels mit Aussicht auf den großen Strom.

Seit Jahrhunderten ist Regensburg für seine Gastlichkeit bekannt – nicht zuletzt, weil bei den Reichstagen hohe Gäste übernachteten. In der einst berühmten Fürstenherberge „Goldenes Kreuz" schliefen früher Kaiser, Könige und Reichsfürsten. Heute gibt es dort erneut ein Hotel – eines der über 50 Häuser, die die Hotelliste der Regensburg Tourismus GmbH aufzählt: Viel zu viele, um hier alle vorzustellen…

Auf den folgenden Seiten tauchen deshalb Übernachtungsbetriebe auf, die speziell für Städtetouristen besonders empfehlenswert sind. Sie bieten eine zentrale Lage, eine schöne Aussicht oder auch historisches Ambiente.

Das Hotel „Herzog am Dom" ist ein nobles Haus mit Restaurant. Im feinen Herzogshof residierten im Mittelalter die Bayernherzöge, heute genießen anspruchsvolle Hotelgäste die einzigartige Aussicht auf den Dom.
„Herzog am Dom", Domplatz 3
Telefon 09 41/5 84 00-0
www.herzog-hotel.de

Bild oben: Haus im Strom – das „Sorat Insel-Hotel" steht mitten in der Donau.

Ein nobles Haus in der vormaligen Pfalz der bayerischen Herzöge ist das Hotel „Herzog am Dom".

Das „Sorat Insel-Hotel" bietet neben der Extravaganz eines Designhotels einen spektakulären Panoramablick auf die Donau, die Steinerne Brücke und die Domspitzen. In die Altstadt kommt man über die Steinerne Brücke.
„Sorat Insel-Hotel", Müllerstraße 7
Telefon 09 41/81 04-0
www.sorat-hotels.com

Das „Orphée" gibt es gleich dreimal in Regensburg. Auf dem Donauufer des Stadtteils Stadtamhof steht in ruhiger und grüner Lage das „Orphée Landhaus – Andreasstadel" im früheren kurbayerischen Salzstadel.
„Orphée Landhaus – Andreasstadel"
Andreasstraße 26
Telefon 09 41/59 60-23 00
www.hotel-orphee.de

Das „Große Haus" des „Orphée" liegt in absolut zentaler Altstadtlage – ein paar Zimmer bieten den Blick auf den nahen Goldenen Turm. Man ruht hier wie zu Reichstagszeiten – unter Stuckdecken, mit barocken Türstöcken und vornehm knarzenden Parkettböden – in individuell eingerichteten Räumen mit 50 oder gar 60 Quadratmetern.
„Orphée – Großes Haus"
Untere Bachgasse 8
Telefon 09 41/59 60-20
www.hotel-orphee.de

Das „Kleine Haus" des „Orphée" liegt in der benachbarten Wahlenstaße. Ein Traum von Hotel, auch ohne Lift. Die Rezeption ist im „Großen Haus".
„Orphée – Kleines Haus"
Wahlenstraße 1
Telefon 09 41/59 60-20
www.hotel-orphee.de

Der „Bischofshof am Dom" ist einer der ältesten Beherbergungsbetriebe Deutschlands. Zeitgemäßer Service verbindet sich hier mit dem historischen Ambiente zwischen gotischem Dom

Haus in Rathausnähe: Vom „Großen Haus" des „Orphée" sind es nur ein paar Schritte zum Rathausplatz.

und römischem Stadttor. Über 50 Gemächer im Landhausstil erwarten die Gäste – vor ihnen logierten hier Kaiser, hohe weltliche und geistliche Herrn.
„Bischofshof am Dom"
Krauterermarkt 3
Telefon 09 41/58 46-0
www.hotel-bischofshof.de

Tipps

Broschüre: „Regensburg – Übernachten" heißt der handliche Prospekt der Regensburg Tourismus GmbH, der über 50 Hotels und Gasthöfe in der Stadt auflistet. Im Web (mit Porträt und Bild) unter www.lebensart-regensburg.de.

Parklage: Das „Parkhotel Maximilian" liegt am Rand des Fürst-Anselm-Parks beim Schloss Thurn und Taxis, nur ein paar Gehminuten vom Zentrum entfernt. Man frühstückt unter einer reizenden Stuckdecke.
„Parkhotel Maximilian"
Maximilianstraße 28
Telefon 09 41/56 85-0
www.maximilian-hotel.de

Mittendrin (1): In den engen Gassen der Altstadt und zwischen einigen der schönsten Patrizierburgen liegt sehr idyllisch das „Altstadthotel Am Pach".
„Altstadthotel Am Pach"
Untere Bachgasse 9
Telefon 09 41/2 98 61-0
www.ampach.de

Mittendrin (2): Ebenfalls zentral und im schönsten Altstadt-Regensburg liegt das Hotel „Roter Hahn". Es bietet hier überlange Betten, Service für Allergiker und Fahrradfahrer und ein Restaurant.
„Roter Hahn"
Rote-Hahnen-Gasse 10
Telefon 09 41/5 95 09-0
www.roter-hahn.com

Noble Arche: Das „Altstadthotel Arch Ringhotel" ist ein feines Haus in einer der mittelalterlichen Patrizierburgen Regensburgs – und das am zentralen Haidplatz.
„Altstadthotel Arch Ringhotel"
Haidplatz 4
Telefon 09 41/58 66-0
www.altstadthotel-arch.de

Ex-Fürstenherberge: Das „Goldene Kreuz" war einmal als Fürstenherberge weithin berühmt. Hier zeugte Kaiser Karl V. seinen Sohn, Don Juan d'Austria. Heute empfängt ein stilvolles Hotel im zweiten Obergeschoss dieser trutzigen Wohnburg am hübschen Haidplatz.
„Goldenes Kreuz", Haidplatz 7
Telefon 09 41/5 58 12
www.hotel-goldeneskreuz.de

Das Kleinste: Das „Künstlerhaus" beim Römerturm am Alten Kornmarkt hat einerseits nur zehn Betten und fünf Zimmer zu bieten, anderseits aber das ungewöhnliche Übernachtungserlebnis

Im „Bischofshof": Am Krauterermarkt, wo einst die Bischöfe residierten und Kaiser während der Reichstage logierten, beherbergt heutzutage das beliebte Hotel „Bischofshof am Dom".

Die Arch ist eine der mittelalterlichen Patrizierburgen am zentralen Haidplatz. Im dortigen „Altstadthotel Arch Ringhotel" nächtigt man mit Blick auf das gegenüberliegende „Goldene Kreuz".

Zeitgemäßen Service hinter gotischen Mauern bietet das Hotel „Roter Hahn" in der zentralen Rote-Hahnen-Gasse.

im – so die Eigenwerbung – „kleinsten Hotel" der Stadt mit Themen-Zimmern.
„Künstlerhaus", Alter Kornmarkt 3
Telefon 09 41/5 71 34
www.himmelzimmer.de

Beim Neupfarrplatz: „Wohnen unter gotischen Bögen mit dem Komfort von heute" verspricht der „Münchner Hof" beim ganz zentralen Neupfarrplatz.
„Münchner Hof", Tändlergasse 9
Telefon 09 41/58 44-0
www.muenchner-hof.de

100 Jahre Tradition: An der zentralen Maximilianstraße liegt der „Weidenhof". Das Hotel mit 100-jähriger Familientradition bietet eine gepflegte Einrichtung und einen Hauch Nostalgie.
„Weidenhof", Maximilianstraße 23
Telefon 09 41/5 30 31
www.hotel-weidenhof.de

Beim Dom: Das Hotel „Kaiserhof am Dom" im mittelalterlichen Haus Heuport bietet eine spektakuläre Aussicht auf die Domtürme. Man frühstückt in einer Hauskapelle des 14. Jahrhunderts.
„Kaiserhof am Dom"
Kramgasse 10 – 12
Telefon 09 41/5 85 35-0
www.kaiserhof-am-dom.de

Am Donau-Radwanderweg: Nicht nur Radlern bietet der „Spitalgarten" einfache, ruhige Zimmer mit der Aussicht auf die Donau und die Steinerne Brücke.
„Spitalgarten"
St.-Katharinen-Platz 1
Telefon 09 41/8 47 74
www.spitalgarten.de

Donaublick: Am nördlichen Donauufer liegt das „Courtyard by Marriott". Die Altstadt erreicht man von hier zu Fuß.
„Courtyard by Marriott"
Frankenstraße 28
Telefon 09 41/8 10 10
www.marriott.de

Superlative, Charme und Traditionen: Shopping in engen Altstadtgassen

Was für Voraussetzungen – enge und engste Gassen, kaum Platz für Kunden- und Lieferverkehr, keine Parkplätze vor der Tür... Was anderswo Einzelhändler zur Weißglut treiben würde, führt in Regensburg dazu, dass man mit Fug und Recht noch von einem „Einkaufserlebnis" sprechen darf. Denn im „Biotop" der Altstadtgassen konnten kleine, aber charmante Geschäfte überleben.

Eng ist es in der Regensburger Altstadt, sehr eng: Hunderte mittelalterlicher Häuser um die engen Gassen wurden nun mal nicht an Raumbedürfnissen beliebiger „Geiz ist geil"-Ladenketten ausgerichtet. Hier bummelt man noch beim Shoppen, genießt das Flair und das historische Ambiente.

Wo sonst wird ein „Feinkostladen für Literatur" als deutsche „Buchhandlung des Jahres" ausgezeichnet, weil der Inhaber (dem historischen Raum gehorchend) Bücher wie Preziosen präsentiert (Buchhandlung Dombrowsky, Wollwirkergasse 4)? Wo sonst führt ein Spezialgeschäft wie das Antikhaus Insam (Tändlergasse 3) nicht nur Golfantiquitäten, sondern ist zugleich ein viel besuchtes Golfmuseum? Und wo findet man solche Superlative wie den ältesten Pralinenhersteller Deutschlands oder den Hersteller der größten Osterkerze der Welt? In der Regensburger Altstadt gibt es sie noch, jene Läden, die in den Zentren anderer Großstädte ausgestorben sind: Dort kauft der Mann von Welt seine Hüte, wählt die Dame des Hauses im Traditionsgeschäft Bürsten für Haar, Haushalt und Weißbierglas, findet man Karmelitengeist und Baierwein...

Bild oben: Kerzenschein mit Papst-Porträt ist ein Angebot von „Kerzen Elsässer".

Tipps

Bürsten: Ob Weißbierglas-, Gemüse- oder Haarbürsten, bei „Bürsten Ernst" (Familienbetrieb seit 1894, sehenswerte Ladenausstattung in der Glockengasse 10) gibt es alles zum Thema Bürsten.

Bestens behütet: Bei „Hut König", dem Hutmacher am Dom, fertigt Andreas

In solchen Gassen haben (zum Glück für das alte Regensburg) Ladenketten und Supermärkte keine Chance. In den alteingesessenen Geschäften der Altstadt ist ein Einkauf wirklich das anderswo so oft vergeblich beschworene Erlebnis.

In der Glockengasse beim Haidplatz findet man im sehenswerten Traditionsgeschäft Bürsten für die Schönheit und für den Haushalt.

Europaweit einmalig: Bei „Hut König" am Dom fertigt man die Hutmodelle für Damen und Herren noch in Handarbeit.

Nuslan als einziger Herren- und Damenhutmachermeister Europas Hutmodelle in reiner Handarbeit. Zu den Kunden zählen Adelshäuser aus ganz Europa und viel Prominenz (Krauterermarkt 1).

Süße Küsse: Das „Café Prinzess" am Rathausplatz ist die älteste Confiserie Deutschlands. Schon 1676 stellte man Konfekt für den Reichstag her. Heute verwöhnen „Barbaras süße Küsse", die „Kesse Gloria" oder „Domspitzen".

Weltrekord: „Kerzen Elsässer" fertigte 2005 die größte Osterkerze der Welt – für den Papst. Es geht aber auch eine Nummer kleiner (Neue-Waag-Gasse).

Dom-Souvenirs: Im Info-Point Domplatz 5 (nur einige wenige Schritte vom Hauptportal) findet man alles rund um den Dom St. Peter. Dort erhält man auch die Musik-CDs der Regensburger Domspatzen, zum Beispiel die mit dem „Konzert für Papst Benedikt XVI.".

Literarischer Feinkostladen: Die kleine „Buchhandlung Dombrowsky" in der Wollwirkergasse 4 wurde von der Fachzeitschrift „Buchmarkt" als die „Buchhandlung des Jahres 2005" prämiert – weil sie so schön ist.

Antik mit Golf: Eigentlich würden allein schon die ansprechend präsentierten Antiquitäten ins „Antikhaus Insam" (in der Tändlergasse 3) locken. Doch im Untergeschoss entdeckt man auch noch das nach dem schottischen Golfmuseum St. Andrews bedeutendste Golfmuseum Europas. Über tausend Exponate aus fünf Jahrhunderten sind in dem Museum im mittelalterlichen Gewölbekeller zusammengetragen.

Karmelitengeist: An der Klosterpforte des Karmelitenklosters am Alten Kornmarkt gibt es den echten „Regens-

Lecker: Reichstagskonfekt im „Prinzess“, der ältesten Confiserie Deutschlands.

burger Karmelitengeist“. Das 75%ige „Wässerchen“ hilft gegen vielfältige Gesundheitsbeschwerden.

Bier zum Mitnehmen: Das „Fürstliche Brauhaus von Thurn und Taxis“ füllt frisch gebraute Biere zum Mitnehmen ab. Vom „Marstall Dunkel“ über „Brauhaus Weiße“ und „Original Regensburger Hell“ bis hin zum „Postmeister“ erhält man diese Sorten in der 1-Liter-Bügelverschlussflasche (Waffnergasse).

Donauwein: Den raren Regensburger Landwein findet man in der „Weinhandlung Rehorik“ (Am Brixener Hof 6 und Gesandtenstraße 16). Heißer Tipp: hochprozentiger Regensburger Grappa.

Dosen-Würstl: Würstchen in der Dose und einen Senf, der nach historischem Rezept hergestellt wird, nimmt man in der „Historischen Wurstküche“ mit.

Kunstgalerie: Zeitgenössische Kunst entdeckt man in der Galerie „ArtAffair“ in der Neue-Waag-Gasse 2 beim Alten Rathaus – Gemälde, Grafik, Skulpturen und Keramiken. Wirklich sehenswert, die moderne Kunst in schönster Altstadtlage und in feinem Ambiente…

Papstillen: Passend zum Regensburger Papstbesuch kamen sie auf den Markt: die „Papstillen“. Die Lutschpastille aus Cannabis besteht zu 100 Prozent aus reinem essenziellen Öl des Schweizer Alpenhanfs. Erhältlich im Lebensmittelhandel, im Fachhandel und an Tankstellen. Mehr Infos – auch zu Bezugsquellen – im Web (www.papstillen.de).

Regensburg-Parfüm: 1879 begann die „F. X. Miller Parfümerie“ mit der Produktion von Seifen. Heute bietet diese Parfümerie (Neupfarrplatz 16) nicht nur erlesene Düfte, sondern auch das bereits dritte eigene Miller-Parfüm. In limitierter Auflage wurde zuletzt das „Regensburg-Parfum N° 3“ kreiert.

Engel: Das „Alleluja“ (Brückstraße 4) ist ein kleiner Shop zwischen Dom und Steinerner Brücke, in dem wirklich alles irgendwie mit Engeln zu tun hat. Ganz himmlisches Kunsthandwerk…

Shopping-Broschüre: „Regensburg Shopping“ heißt der Faltprospekt, mit dem das Stadtmarketing Regensburg zu handverlesenen Traditionshäusern und Einkaufstipps führt. Diesen Shopping-Guide mit einem Grußwort von Gloria Fürstin von Thurn und Taxis und einem Einkaufs-Stadtplan erhält man bei der Tourist-Information im Alten Rathaus.

Museen: von Römerfunden über das Reichstagsmuseum zur Schatzkammer

Vom römischen Regensburg über das Reichstagsmuseum bis zum Glanz der Fürsten von Thurn und Taxis in der Fürstlichen Schatzkammer leiten die Regensburger Museen durch die großen Epochen der Donaustadt. Von den Kunstsammlungen des Bistums Regensburg bis zum Schifffahrtsmuseum spannt sich ein thematischer Bogen vom Dom bis zur Donau. Unter der Erde oder hoch oben im Turm zeigt die Stadt ihre Geschichte – über 20 Museen und Gedenkstätten hat Regensburg zu bieten.

Regensburgs Museen erreicht man von der Altstadt aus zu Fuß. Das zeigt schon ein Blick auf den Stadtplan im Prospekt „museen : regensburg", den die Stadt Regensburg und der Arbeitskreis Museen herausgegeben haben. 16 von 18 der aufgelisteten Museen liegen in der Altstadt. Diese ebenso handliche wie übersichtliche Broschüre ist auch deshalb zu empfehlen, weil sie exakt zu den meist nach Jahreszeit variierenden Öffnungszeiten informiert.

Der Prospekt ist in den Museen und bei der Tourist-Information im Alten Rathaus erhältlich. Dorthin kommt man meist sowieso, weil der Besuch des Reichstagsmuseums im Rathausbau mehr oder weniger Pflicht ist.

Doch nur bei einer Führung sieht man die gotische Ratsstube, den Reichssaal und die Beratungszimmer. Der Gang durch das besterhaltene gotische Rathaus Deutschlands führt aber auch in die Folterkammer – die „Fragstatt" – und in die finsteren Verliese. Die Freie Reichsstadt wird hier ebenso lebendig

Bild oben: Das „Donau-Schiffahrts-Museum" findet man an der Donaulände.

wie die glanzvolle Epoche des „Immerwährenden Reichstags".

Reichstagsmuseum im Alten Rathaus
Rathausplatz
Telefon 09 41/5 07-44 10
und -4411 (Kasse)
www.regensburg.de/museumsportal

Ein Gang durch die höfische Pracht der Residenz des Fürstenhauses Thurn und Taxis präsentiert die glanzvolle Wohnkultur des Hochadels. Der Kreuzgang des ehemaligen Benediktinerklosters St. Emmeram vermittelt dagegen die asketische Welt mittelalterlicher Mönche. Und im benachbarten Marstallmuseum sieht man fürstliche Kutschen, Schlitten und Tragesessel (jedoch keine Postkutschen). Das Marstallmuseum steht nur von April bis Oktober und ohne Führung offen. Die Öffnungszeiten sollte man erfragen.

Thurn und Taxis Museen
Schloss und Kreuzgang St. Emmeram
Emmeramsplatz 5
Telefon 09 41/50 48-2 42 (Kasse)
www.thurnundtaxis.de

Gemälde Albrecht Altdorfers zeigt das Historische Museum am Dachauplatz.

Gleißendes Gold, schimmerndes Silber, edles Mobiliar und feines Porzellan – die „Fürstliche Schatzkammer" zeigt in einem Trakt des Marstalls Kostbarkeiten der Kunstsammlungen des fürstlichen Hauses Thurn und Taxis. Das Bayerische Nationalmuseum betreut diese glanzvolle Dauerausstellung.

Fürstliche Schatzkammer
(Zweigmuseum des Bayerischen Nationalmuseums), Emmeramsplatz 6
Telefon 09 41/50 48-2 42 (Kasse)
www.regensburg.de/museumsportal
www.bayerisches-nationalmuseum.de

Funde, Modelle und Rekonstruktionen des Historischen Museums zeigen das römische Regensburg. Eine zweite Abteilung macht das Mittelalter lebendig.

Historisches Museum
Dachauplatz 2–4
Telefon 09 41/5 07-24 48 (Kasse)
www.regensburg.de/museumsportal

Große Namen der deutschen Kunst zeigt das „Kunstforum Ostdeutsche Galerie" beim Stadtpark westlich der Altstadt.

Wertvolle Monstranzen und Kruzifixe, Kelche und Bischofsstäbe, kostbare Gewänder sowie ein von Tier- und Fabelwesen, Goldmonden und Silbersternen übersätes Emaillekästchen sieht man im Domschatzmuseum im Bischofshof.
Domschatzmuseum
Krauterermarkt 3
Telefon 09 41/5 76 45 (Kasse)
www.bistumsmuseen-regensburg.de

In einer spektakulären frühgotischen Kirche mit Fresken aus vier Jahrhunderten zeigt das Diözesanmuseum St. Ulrich Sakralkunst aus tausend Jahren – darunter Albrecht Altdorfers „Schöne Maria" und ein weltweit einmaliges Reliquiar in Form eines Schmetterlings.
Museum St. Ulrich
Domplatz 2
Telefon 09 41/5 16 88 (Kasse)
www.bistumsmuseen-regensburg.de

Das Museum in seinem Sterbehaus erinnert an Johannes Kepler, einen der Väter der modernen Naturwissenschaft. Man sieht seine Büste, Modelle zu den „Drei Keplerschen Gesetzen", historische Instrumente, Bücher und Dokumente. Das alles in originalgetreu rekonstruierten Innenräumen aus der Zeit des 17. Jahrhunderts.
Kepler-Gedächtnishaus
Keplerstraße 5
Telefon 09 41/5 07-34 42 (Kasse)
www.regensburg.de/museumsportal

Nah bei der Steinernen Brücke und noch näher an der Anlegestelle der Personenschifffahrtsgesellschaft liegen zwei historische Donauschiffe an der Donaulände. Der Radzugdampfer „Ruthof-Érsekcsanád" (1922/23) und das 1943 gebaute Motorzugschiff „Freudenau" erzählen von der Bedeutung der Donau für Regensburg.
Donau-Schiffahrts-Museum
Thundorferstraße
Telefon 09 41/5 07-58 88
www.dsmr.de

Tipps

Brückturm-Museum: Die Geschichte eines „Weltwunders" – und eine herrliche Aussicht auf die Steinerne Brücke.
Weiße-Lamm-Gasse 1
Telefon 09 41/5 07-58 89
www.dsmr.de

document Neupfarrplatz: Eigentlich ein „Muss" – das römische Regensburg, das jüdische Viertel und ein Bunker aus dem Zweiten Weltkrieg dokumentieren deutsche Historie und Stadtgeschichte.
Kontakt: Museen der Stadt Regensburg, Eingang bei der Neupfarrkirche
Telefon 09 41/5 07-34 42
www.regensburg.de/museumsportal

Naturkundemuseum Ostbayern: Im klassizistischen Palais am Herzogspark zeigt das Museum die erdgeschichtliche Entstehung der Region Regensburg und erklärt diverse Biotope. Auch das nachempfundene Naturalienkabinett mit der Holzbibliothek von 1790 ist in Räumen des Württembergischen Palais zu sehen.
Am Prebrunntor 2
Telefon 09 41/5 07-34 43 (Kasse)
www.naturkundemuseum-regensburg.de

Städtische Galerie „Leerer Beutel": Vom Getreidespeicher zur Kunstgalerie wurde der massige Bau in der Nachbarschaft des Historischen Museums. Heute zeigt man hier eine Übersicht über das Kunstschaffen in Ostbayern – Malerei, Grafiken und Plastiken des 19. und 20. Jahrhunderts.
Bertoldstraße 9
Telefon 09 41/5 07-24 40 (Kasse)
www.regensburg.de/museumsportal

Kunstforum Ostdeutsche Galerie: Hier sieht man eine einzigartige Sammlung deutscher Kunst im östlichen Europa. 15 farbige Themenräume zeigen Werkkomplexe von berühmten Künstlern wie Lovis Corinth, Käthe Kollwitz, Oskar Kokoschka und Lyonel Feininger…
Dr.-Johann-Maier-Straße 5
Telefon 09 41/2 97 14-0
www.kog-regensburg.de

Museen des Bezirksklinikums Regensburg: Hier sieht man ein über tausend Jahre altes Kleinod der Klosterbaukunst von Benediktiner- und Kartäusermönchen – Karthaus-Prüll.
Ludwig-Thoma-Straße 14
Telefon 09 41/9 41-19 47

Museum in der Dreieinigkeitskirche: Die Geschichte des evangelischen Regensburg zeigt eine Ausstellung in der barocken Kirche. Vom Turm ergibt sich ein Rundblick über die alte Stadt.
Am Ölberg 1
Telefon 09 41/2 24 44
www.dreieinigkeitskirche.de

Museum Obermünster: Nur während der Sonderausstellungen geöffnet.
Emmeramsplatz 1
Telefon 09 41/5 95 32-25 30

Golf, Uhren und die Post: Außerdem sind in Regensburg noch drei Museen zu sehen – das Golfmuseum in der Tändlergasse 3 (Telefon 09 41/5 10 74, www.golfmuseum.de), das Uhrenmuseum (Ludwigstraße 1, Telefon 09 41/50 27 97-0) sowie das Postmuseum in der Budapester Straße 23 (Telefon 09 41/78 91 87).

Wann wo was los ist: jede Menge Kultur und die ganze Stadt als Bühne

In Regensburg gebe es so viel Kultur wie Kies am Donaustrand, kommentierte ein Beobachter der Kulturszene. Unbestreitbar ist: Regensburg bietet neben den Angeboten seiner festen Spielstätten auch die Veranstaltungsfülle einer Großstadt. Im Sommer ziehen die Open-Air-Festivals beim Fürstenschloss, in den Altstadtgassen oder auf der Steinernen Brücke die Massen an. Im Advent bringen die Domspatzen und mehrere Weihnachtsmärkte Regensburg zum Leuchten. Und bei allen Events ist die Altstadt die stimmungsvolle Kulisse…

Wo gibt es denn das, dass eine Fürstin eine Fürstin spielt – und das im Hof eines Fürstenschlosses? In Regensburg wird so etwas geboten, wenn Gloria Fürstin von Thurn und Taxis selbst die Bretter betritt, die die Welt bedeuten. Die „Thurn und Taxis Schlossfestspiele" im Innenhof und im Park des Schlosses sind nicht nur der Höhepunkt unter den sommerlichen Open-Air-Events in Regensburg. Sie gehören längst zu den bedeutendsten Festspielen in Süddeutschland. Jährlich im Juli.

Thurn und Taxis Schlossfestspiele
Telefon 09 41/29 60 00
www.odeon-concerte.de

Die Altstadt entlang der Donau und Stadtamhof sind die Festzone für das „Bürgerfest", das sich seit den 1970er Jahren zum Klassiker entwickelt hat. Für Menschenmassen sorgen Musik, Aktionen oder Feuerwerke auf der Steinernen Brücke. Jeweils am letzten Juniwochenende (alle zwei Jahre).

Bürgerfest
Telefon 09 41/2 80 21 80
www.vs-regensburg.de

Bild oben: Schwan und Lyra auf dem Dach des Theaters am Bismarckplatz sind Symbole der kulturellen Fülle Regensburgs.

Vor imponierender Kulisse: Die „Thurn und Taxis Schlossfestspiele" finden im Innenhof und im Park des Schlosses statt.

Seit über einem Vierteljahrhundert bringt das „Bayerische Jazzweekend" die ganze Regensburger Altstadt zum Swingen. Mehr als hundert internationale Bands spielen Swing, Dixieland, Blues und Free Jazz… Jährlich im Juli, und das auch noch gratis.
Bayerisches Jazzweekend
Telefon 09 41/5 07-14 13
www.bayerisches-jazzweekend.de

Mit Freilicht-Theater im Innenhof des Thon-Dittmer-Palais, einem jährlichen Musikfestival im Villa-Park oder dem Mittelaltermarkt „Spectaculum" auf der Jahninsel ist der Hochsommer ein jahreszeitlicher Schwerpunkt für Veranstaltungen, die die Besucher der Stadt gern miterleben.

Einen zweiten jahreszeitlichen Akzent setzt Regensburg im Advent – mit dem Gesang der Domspatzen und dem Glanz dreier Weihnachtsmärkte. Im Auditorium Maximum der Universität hört man an Adventswochenenden Weihnachtskonzerte der weltberühmten Regensburger Domspatzen – mit Liedern wie „Vom Himmel hoch" und „Heilige Nacht".
Regensburger Domspatzen
Telefon 09 41/79 62-2 60
www.domspatzen.de

Eine unabhängige Jury wählte den Regensburger Christkindlmarkt am Neupfarrplatz unter die schönsten Weihnachtsmärkte im ganzen deutschsprachigen Raum. Nirgendwo munden „Original Regensburger Bratwürste" und „Regensburger" vom Grill besser als vor der Kulisse der fast 500 Jahre alten Neupfarrkirche.
Christkindlmarkt am Neupfarrplatz
Telefon 09 41/5 07-17 18
www.christkindlmarkt-regensburg.de

Noch romantischer geht es wohl kaum: Beim Weihnachtsmarkt ums Schloss

Palazzo-Festival vor Renaissance-Arkaden im Thon-Dittmer-Palais am Haidplatz.

Thurn und Taxis begeistern sowohl die stimmungsvolle Kulisse im Schlosshof und im Schlosspark mit den liebevoll dekorierten Holzhäuschen eines Weihnachtsdorfs als auch die Angebote des traditionellen Kunsthandwerks und des musikalischen Rahmenprogramms.

Romantischer Weihnachtsmarkt auf Schloss Thurn und Taxis zu Regensburg
Telefon 09 41/2 80 21 80
www.vs-regensburg.de

Romantik pur: Der Regensburger Christkindlmarkt auf dem Neupfarrplatz.

Der vorweihnachtliche Haidplatz ist der dritte der Regensburger Plätze, die

hre Reise ins Glück:
on Regensburg über
die A3 Regensburg-
assau bis Straubing,
weiter auf der B20
über Cham nach
Bad Kötzting.
ERZKLOPFEN
Glück ist...
...ein Ausflug zu Fortuna!
SPIELBANK BAD KÖTZTING
www.spielbanken-bayern.de

einen Weihnachtsmarkt geradezu anziehen müssen. Hier und am benachbarten Kohlenmarkt findet jeweils der Lucreziamarkt der Regensburger Kunsthandwerker statt.
Lucreziamarkt der Kunsthandwerker
Telefon 09 41/56 69 92 oder -5 73 71
www.lucrezia-markt.de

Jeweils an den Pfingsttagen werden die „Tage Alter Musik Regensburg" in der Donaustadt veranstaltet. Man hört Musik vom Mittelalter bis zur Romantik – gespielt in den schönsten Sälen historischer Bauwerke Regensburgs: im Reichssaal des Alten Rathauses, in der Dominikaner- und der Minoritenkirche, der Dreieinigkeitskirche und in St. Oswald. Ein international führendes Fachmagazin zählte die „Tage Alter Musik" zu den fünf weltweit renommiertesten und traditionsreichsten Festivals für Musik in historischer Aufführungspraxis.
Tage Alter Musik Regensburg
Telefon 09 41/56 69 92 oder -5 73 71
www.tagealtermusik-regensburg.de

Beim „Bayerischen Jazzweekend" in Regensburg sind rund hundert Bands unterschiedlicher Stilrichtungen zu hören.

Darüber hinaus lohnen hier zahlreiche weitere Veranstaltungstermine – vom „Internationalen Thurn und Taxis Kleinkunstfestival" bis zur „Regensburger Kurzfilmwoche". An den Sonn- und Feiertagen hört man die Domspatzen bei der Kapitelmesse im Dom (10 Uhr). Zu den Besonderheiten der Stadt gehört aber auch das älteste und größte Studententheater Europas mit Sprech- und Musiktheater in deutscher sowie englischer, französischer und spanischer Sprache.

Viele Informationen zu Höhepunkten, zu den aktuellen Terminen und zum Angebot der festen Spielstätten (siehe Kasten auf Seite 182) gibt es im Web (www.regensburg.de/Veranstaltungen). Prospekte mit dem aktuellen Kulturprogramm erhält man bei der Tourist-Information im Alten Rathaus.

Tipps

Theater am Bismarckplatz: Das Theater am Bismarckplatz bietet im klassizistischen Bau Raum für über 500 Liebhaber von Oper, Operette, Musical, Schauspiel und Ballett.
Großes Haus und Neuhaussaal
Telefon 09 41/5 07-24 24 (Kasse)
www.theaterregensburg.de

Theater am Haidplatz: Mit 140 Plätzen schafft das Theater im Thon-Dittmer-Palais einen intimen Rahmen für Schauspiel und modernes sowie literarisches Theater. Der Innenhof dieses Palais wird von verschiedenen Gruppen bespielt.
Theaterkasse Bismarckplatz 7
(am Haidplatz nur Abendkasse)
Telefon 09 41/5 07-24 24
www.theaterregensburg.de

Theater am Velodrom: Das Velodrom wurde als Radsportstätte erbaut. Heute ist der Jugendstilbau eine Spielstätte des Theaters Regensburg (für Musicals, Ballett, Schauspiel und Konzerte).
Arnulfsplatz 4 b
Theaterkasse Bismarckplatz 7
(im Velodrom nur Abendkasse)
Telefon 09 41/5 07-24 24
www.theaterregensburg.de

Turmtheater im Goliathhaus: Hoch über den Dächern Regensburgs liegt das Turmtheater im fünften Stockwerk eines Altstadtturms: Man gibt hier auf engstem Raum Komödien und Krimis, Kabarett und Kindertheater.
Watmarkt 5
Telefon 09 41/56 22 23, VVK bei der Tourist-Info, Telefon 09 41/5 07-50 50

Statt-Theater: Der Name ist Programm. Satire, Kleinkunst und Kabarett – im Kellertheater nah beim Arnulfsplatz.
Winklergasse 16
Telefon 09 41/5 33 02, VVK bei der Tourist-Info, Telefon 09 41/5 07-50 50
www.statt-theater.de

Figurentheater im Stadtpark: Dieses Marionettentheater begeistert Kinder von 4 bis 10 Jahren. Für die „Großen": bayerische Klassiker wie der Brandner Kasper, aber auch Molière und Goethe.
Dr.-Johann-Maier-Straße 3
Telefon 09 41/2 83 28
www.regensburgerfigurentheater.de

Alte Mälzerei: In einem alten Brauereigebäude findet man zeitgenössische Kunst: Konzerte, Kleinkunst, Tanz…
Auch der Kulturspeicher in der Bruderwöhrdstraße 15 ist eine Spielstätte der Alten Mälzerei.
Galgenbergstraße 20
Telefon 09 41/7 88 81-0
www.alte-maelzerei.de

Künstlerhaus Andreas-Stadel: Hier findet man neben einer Menge Kunst das Studiokino „Wintergarten" sowie ein Literaturcafé.
Andreasstraße 26 – 28
Telefon 09 41/27 01 01
www.kuenstlerhaus-andreasstadel.de

Regensburger Bauerntheater: Ein typisch bayerisches Volkstheater in der Hubertushöhe am Ziegetsberg – mit Stärkung davor und danach.
Wilhelm-Raabe-Straße 1
Telefon 09 41/8 59 58 (Abendkasse)
www.regensburger-bauerntheater.de

4 Arnulfsplatz

Ob sehenswerte romanische Kirchen und reizvolle Aussichtspunkte in Regensburger Stadtteilen, ob weithin bekannte Ausflugsziele an der Donau – auch außerhalb der Altstadt findet man etliches, was weitere Wege lohnt. Die Walhalla, die Befreiungshalle, den Donaudurchbruch und Kloster Weltenburg kann man sogar mit dem Schiff ansteuern. Ein kleines Wohnhaus in einem Regensburger Vorort erinnert an seinen früheren Bewohner – an Papst Benedikt XVI.

In den Stadtteilen: zu romanischen Kirchen und zur „Wiege Österreichs"

In mehreren Stadtteilen findet man lohnende Ziele: Romanische Kirchen entdeckt man beim Schloss Prüfening, in Karthaus-Prüll und am Kreuzhof, wo zudem die „Wiege Österreichs" liegt. Die schönsten Aussichten auf Regensburg genießt man vom Dreifaltigkeitsberg und vom Stadtteil Winzer aus.

Würde Dornröschen nicht in einem Märchen, sondern in Regensburg träumen – dann wohl hier, im idyllischen Park des Schlosses Prüfening im Westen der Altstadt. Zum Schloss wurde das ehemalige Benediktinerkloster erst nach der Säkularisation. Die Gründung des Klosters regte 1109 der Bamberger Bischof Otto I. an.

Die Klosterkirche St. Georg entstand bereits zwischen 1109 und 1119. Die dreischiffige Basilika ist nicht nur von außen sehenswert: Wegen ihrer beeindruckenden romanischen Fresken ist die Abteikirche weithin berühmt. Das 1283 entstandene Hochgrab des ersten Abts gehört zu den Hauptwerken der gotischen Plastik in Regensburg. Der 1117 als Abt eingesetzte Erminold wurde 1121 von einem Mitbruder erschlagen, weil er allzu streng auf den klösterlichen Reformregeln bestanden hatte. Auf den Mord im Kloster spielt die steinerne Grabfigur des Abtes an: Die Skulptur steckt ihren Daumen ins Regelbuch. Dieses Meisterwerk wurde vom jenem unbekannten „Erminoldmeister" geschaffen, der im Dom den „Lachenden Engel" und sein Gegenüber – die Maria – gestaltet hatte.

Nach 1663 entstanden neue Klostergebäude und das Observatorium im

Bild oben: Die romanischen Türme der Klosterkirche St. Georg in Prüfening.

An Benediktiner und Kartäuser erinnert die Klosterkirche von Karthaus-Prüll.

Park des Klosters. Nach der Säkularisation hatte das Kloster ab 1803 verschiedene Besitzer, seit 1899 gehört die Anlage den Fürsten von Thurn und Taxis. 2002 wurde eine Montessori-Schule eingerichtet. Die Kirche ist an Sonntagen wenige Stunden geöffnet (Führung/Besichtigung möglich).

Karthaus-Prüll im Süden Regensburgs wurde 997 als Benediktinerkloster St. Bartholomäus von Bischof Gebhard nahe der heutigen Universität gegründet. Bis ins 15. Jahrhundert war hier ein Doppelkloster für Nonnen und Mönche. Seit 1483 lebten dort ausschließlich die Mönche des strengsten Ordens, der Kartäuser. In der einzigen Kartause Altbayerns arbeitet heute eine psychiatrische Heilanstalt – das Bezirksklinikum Regensburg.

Neben der Klosterkirche – einem der ältesten Hallenbauten in Bayern – mit einem romanischen Verkündigungsfresko, einem bemerkenswerten Hochaltar von 1605 und einem 14-teiligen Bilderzyklus aus dem 17. Jahrhundert sehen die Besucher etliche restaurierte Klosterbereiche. Nördlich der Kirche erhaltene gotische Kreuzganggewölbe und die Kartausen (jene Häuschen, in die sich die als Einsiedler lebenden schweigenden Mönche zurückzogen) sind im Museum des Bezirksklinikums Regensburg samstags und sonntags von Mai bis Oktober (Gruppen jederzeit) zu besichtigen.

Zwischen Osthafen und Klärwerk, hart an der Grenze zur östlichen Vorortgemeinde Barbing, liegt St. Ägidius am Kreuzhof. Bei der seit den Karolingern bestehenden kleinen Siedlung war wohl ein Sammelpunkt christlicher Kreuzfahrer vor ihrem Zug nach Osten. Nahe der romanischen Kapelle wurde 1156 „auf den Wiesen bei Barbing" das Herzogtum Österreich aus der Taufe gehoben. Beim Treffen Kaiser

Tipps

Schloss Prüfening: Das frühere Kloster an der Prüfeninger Schlossstraße ist sonntags (14 – 17 Uhr) geöffnet. Infos zu Führungen: Telefon 09 41/3 28 67. Infos zur Besichtigung außerhalb dieser Zeiten: Pfarramt St. Bonifaz, Telefon 09 41/3 24 06. Wenn man den Ausweis hinterlegt, erhält man hier die Schlüssel.

Karthaus-Prüll: Die „Museen des Bezirksklinikums Regensburg" (Ludwig-Thoma-Straße, Zugang: Hauptportal der Kirche St. Vitus) sind Mai bis Oktober (Sa und So 10.30 – 17 Uhr) geöffnet. Führungen an jedem ersten und dritten Sonntag im Monat (10.30 Uhr). Sonderführungen: Telefon 09 41/9 41-19 47.

Baden gehen: Das Westbad (Messerschmittstraße 4) bietet eine Auswahl vom Spaßbecken über Saunen bis hin zu Thermal- und Mineralwasserbecken. Fast täglich (9 – 22 Uhr). Infos: Telefon 09 41/6 01-29 44 (www.westbad.de).

Friedrich Barbarossas mit geistlichen und weltlichen Fürsten Süd- und Südostdeutschlands wurde der bisherige Osten des Herzogtums Bayern durch das „Privilegium Minus" eigenständig.

Seinen Namen verdankt der „Kreuzhof" dem Regensburger Nonnenkloster Heilig Kreuz. Namenspatron der romanischen Kreuzhofkapelle ist St. Ägidius, der Schutzheilige der Kreuzfahrer und Pilger. Wahrscheinlich bot diese Kapelle den Pilgern und Wandernden aus dem einfachen Volk im profanen Obergeschoss des turmartigen Baus ein (Massen-)Quartier. Nach der Säkularisierung erwarben die Fürsten von Thurn und Taxis die Kapelle – sie wurde nun als Schafstall und sogar als Schlachtplatz genutzt. Erst seit 1980 ist die Kreuzhofkapelle erneut ein Sakralbau.

Und wo hat man den besten Ausblick auf die Stadt? Hier gibt es zwei Tipps: den Dreifaltigkeitsberg im Norden von Stadtamhof und die benachbarten Winzerer Höhen. Den Dreifaltigkeitsberg erkennt man von der Steinernen Brücke aus an der dreitürmigen Dreifaltigkeitskirche, die 1713/1715 als Pest-Votivkirche erbaut wurde. An den Donauhängen des westlich des Dreifaltigkeitsbergs liegenden Stadtteils Winzer wird nicht nur Wein angebaut: Dort hat man den definitiv schönsten Panoramablick auf Regensburg und den großen Fluss.

Hier liegt die „Wiege Österreichs": Bei der romanischen Kreuzhofkapelle wurde 1156 Österreich gegründet.

Im Umland: vom Kloster Weltenburg bis zum Ruhmestempel der Deutschen

Zwei königlich-bayerische Ruhmestempel über der Donau – die Walhalla in Donaustauf und die Befreiungshalle in Kelheim – sind Ausflugsziele an der Donau östlich und westlich von Regensburg. Neben den beiden viel besuchten Monumentalbauten erlebt man das spektakuläre Naturschauspiel des Donaudurchbruchs beim Kloster Weltenburg, dem ältesten Kloster Bayerns.

Als Napoleon 1806 Preußen geschlagen hatte, beschloss der bayerische Kronprinz Ludwig, eine Ruhmeshalle mit Büsten der Größen des „gemeinsamen Vaterlandes" zu errichten. Als König Ludwig I. ließ er 1830 bis 1842 die Walhalla bauen – bei Donaustauf, elf Kilometer östlich von Regensburg.

Der Parthenon-Tempel der Akropolis in Athen diente Architekt Leo von Klenze als Vorbild. Von der Flussseite her steigt man über eine Freitreppe mit 358 Stufen zur Walhalla empor, die auf einem Hang 96 Meter über der Donau steht. Dort sind weit mehr als hundert Marmorskulpturen deutschsprachiger Männer und Frauen sowie 64 Gedenktafeln zu sehen. 96 Büsten waren schon 1842 aufgestellt worden, bis heute kommen immer wieder neue Skulpturen hinzu. 52 Säulen umgeben das 67 Meter lange, 32 Meter breite und 20 Meter hohe Bauwerk aus grauweißem Marmor. Wer sich für diesen imposanten königlichen Monumentalbau nicht begeistern kann, wird von der Aussicht auf die Donau für den Aufstieg mehr als entschädigt.

28 Kilometer westlich von Regensburg liegt die Befreiungshalle 110 Meter

Bild oben: Postkartenansicht des Klosters Weltenburg und des Donaudurchbruchs.

Atemberaubend schön: Erst der Blick auf die Walhalla – und dann der Blick von der Walhalla auf die Donau.

über Kelheim auf dem Michelsberg. Ludwig I. ließ sie zum Andenken an die gewonnenen Schlachten während der „Befreiungskriege" gegen Napoleon errichten. Friedrich von Gärtner begann 1842 mit dem Bau (Vorbild war das Pantheon in Rom), 1863 vollendete ihn Leo von Klenze zum 50. Jahrestag der Völkerschlacht bei Leipzig.

Der 60 Meter hohe, runde Monumentalbau steht auf einem dreistufigen Sockel. 18 Wandpfeiler gliedern das Mauerwerk, 18 weibliche Figuren auf diesen Pfeilern erinnern wohl an das Datum der Völkerschlacht bei Leipzig am 18. Oktober 1813. Im Inneren der Halle (mit einer Kuppel in 45 Metern Höhe) sieht man 18 Nischen mit 34 marmornen Siegesgöttinnen. Eine Wendeltreppe führt zur inneren Säulengalerie (hier hat man einen guten Überblick über die Halle), eine weitere Treppe auf die äußere Galerie. Auch hier gilt: Der Blick auf die Donau und das Altmühltal lässt jedes Zuviel an verbautem Nationalstolz verschmerzen.

Von der Macht des nationalen Überschwangs zur Kraft der Natur sind es nur wenige Donaukilometer flussaufwärts. Vom Schiff aus kann man den gut fünf Kilometer langen Donaudurchbruch hinter Kelheim in vollster Schönheit bewundern. Beiderseits des hier nur 70 bis 80 Meter breiten Flusses ragen bis zu 130 Meter hohe Kalksteinfelsen auf. Die „Weltenburger Enge" gehört zu den spektakulärsten Flussstrecken Deutschlands. Dieses Naturschutzgebiet wurde mit dem „Europa-Diplom" ausgezeichnet.

In Jahrtausenden hat der Fluss den Oberpfälzer Jura durchbrochen. Heute geht es schneller: Flussabwärts benötigt die Linienschifffahrt auf der Donau von Weltenburg nach Kelheim 20 Minuten, umgekehrt rechnet man mit 40 Minuten Fahrzeit.

Monumentalbau auf dem Michelsberg: die Befreiungshalle über Kelheim.

Tipps

Infos zur Walhalla: Der Ruhmestempel bei Donaustauf ist fast ganzjährig geöffnet (www.walhalla-regensburg.de).

Infos zur Befreiungshalle: Auch dieses Ausflugsziel in Kelheim ist beinahe das ganze Jahr geöffnet. Infos bei der Tourist-Information Kelheim, Telefon 0 99 41/70 12 34 (www.kelheim.de).

Donau-Schifffahrt: Infos zu Flussfahrten zu den Ausflugszielen findet man im Web (www.schifffahrtklinger.de und www.schiffahrt-kelheim.de).

Noch mehr Umland: Um Regensburg gibt es noch viel mehr zu sehen – vom Altmühltal bis zum Bayerischen Wald. Die Regensburg Tourismus GmbH informiert per Telefon 09 41/5 07-44 10 und im Web (www.regensburg.de).

Weltenburg liegt rund zehn Kilometer südwestlich von Kelheim entfernt. Das dortige Kloster wurde bereits im frühen 7. Jahrhundert gegründet und ist somit das älteste Bayerns. Seine Blütezeit erlebte es im 18. Jahrhundert. Die Klostergebäude entstanden 1714 bis 1725, die von den Asam-Brüdern 1717 bis 1721 erbaute Abteikirche gilt als ein Höhepunkt des Rokoko in Süddeutschland. 500 000 Menschen kommen Jahr für Jahr hierher. Im Biergarten der ältesten Klosterbrauerei der Welt serviert man „Weltenburger Kloster-Bier" zu heimischen Genüssen.

Von so viel weltlicher Macht und geistlicher Pracht hebt sich die päpstliche Bescheidenheit im Regensburger Vorort Pentling ab: Dort ist seit 1969 der Hauptwohnsitz Papst Benedikts XVI. Ab 1970 lebte Joseph Ratzinger hier im unspektakulären 70er-Jahre-Bau mit kleinem Garten. In der Bergstraße 6 erinnert ein unscheinbares Schild an den Ehrenbürger im fernen Rom, der einst als Professor in Regensburg lehrte.

SEIT 1050

Weltenburger Kloster

Die älteste Klosterbrauerei der Welt. Seit 1050

Klosterbrauerei Weltenburg GmbH · D-93309 Kelheim

www.weltenburger.de

Noch ein paar wichtige Hinweise für die Besucher der Stadt

Wer informiert Besucher der Stadt?

Tourist-Information
(Regensburg Tourismus GmbH)
Altes Rathaus, Rathausplatz 4
93047 Regensburg
Telefon 09 41/5 07-44 10,
-44 11, -44 12
Telefax 09 41/5 07-44 19
tourismus@regensburg.de
www.regensburg.de
Geöffnet: Mo – Fr 9.15 – 18 Uhr,
Sa 9.15 – 16 Uhr,
So/Feiertage 9.30 – 16 Uhr,
01.11. – 31.03. jeweils bis 14.30 Uhr

Tourismusverband Ostbayern
Luitpoldstraße 20
93047 Regensburg
Telefon 09 41/58 53-90
Telefax 09 41/58 53-939
info@ostbayern-tourismus.de
www.ostbayern-tourismus.de

ADAC
Luitpoldstraße 2
(Eingang Dr.-Martin-Luther-Straße)
93047 Regensburg
Telefon 09 41/5 56 73

Mit dem Auto nach Regensburg

Regensburg erreicht man über die A 9 München – Nürnberg, ab Autobahndreieck Holledau auf der A 93 Richtung Hof sowie über die B 8, B 15 und B 16.

Mit der Bahn nach Regensburg

Die Deutsche Bahn AG verbindet Regensburg mit allen EU-Ländern. Die Stadt liegt an der Bahnhauptlinie

Bild oben: Durchblick in Sachen Regensburg verschafft die Tourist-Information beim Alten Rathaus.

Auf dem richtigen Weg: Das Beschilderungssystem Regensburgs leitet zu Sehenswürdigkeiten und Museen.

London – Ostende – Köln – Frankfurt – Nürnberg – Passau – Wien – Budapest. Direkte IC- und EC-Verbindungen nach/von Frankfurt, Köln, Düsseldorf, Dortmund, Hannover, Hamburg, Wien und Budapest; direkte Züge nach/von München, Leipzig, Berlin; Züge mit einmaligem Umsteigen nach und von Dresden und Prag.

Mit dem Flugzeug nach Regensburg

Die nächstgelegenen internationalen Flughäfen sind in München (115 km) und Nürnberg (110 km). Ein Flughafen-Shuttle bringt von dort Gäste nach Regensburg. Infos dazu gibt es im Web (www.airportliner.de).

Telefonnummern für den Notfall

Polizei: Telefon 1 10
Feuerwehr: Telefon 1 12
Ärztlicher Bereitschaftsdienst:
Telefon 0 18 05/19 12 12
Rettungsleitstelle Regensburg:
Telefon 09 41/1 92 22
Zahnärztlicher Notdienst:
Telefon 09 41/5 92 04-41
Zahnärztlicher Notfalldienst
im Universitätsklinikum:
Telefon 09 41/94 40
(Tag und Nacht)
Klinikum der Universität:
Telefon 09 41/9 44-0
Krankenhaus der Barmherzigen
Brüder: Telefon 09 41/3 69-0
Frauennotruf: Telefon 09 41/2 41 71
ADAC-Pannendienst:
Telefon 0 18 02/22 22 22

Telefonnummern für Verlustmeldungen

Fundamt: Telefon 09 41/5 07-21 05
EC- und Kreditkarten, Handys,
Krankenkassenkarten,
Mitarbeiterausweise, Kundenkarten
und sensible Online-Berechtigungen:
Telefon 11 61 16 (bundesweit)

Radler auf dem Donau-Radwanderweg bei Regensburg: Zu der europäischen Fernradwanderroute informiert die Arbeitsgemeinschaft Deutsche Donau.

Wichtige Internetadressen

www.regensburg.de
www.lebensart-regensburg.de
www.museen-regensburg.de
www.thurnundtaxis.de
www.bistum-regensburg.de
www.stadtmarketing-regensburg.de
www.inregensburg.de
www.jg-regensburg.de (Jüdische Gemeinde)
www.rvv.de (Regensburger Verkehrsverbund GmbH & Co. KG)
www.bistumswesen-regensburg.de
www.theaterregensburg.de
www.altstadtkinos.de
www.stadtmaus.de (Erlebnisführungen für Gruppen, Tagungsprogramme)
www.cultheca.de (Kinderführungen)
www.hoerblick.de (Audioguide Regensburg)

Infos zu Ferienstraßen über Regensburg

Via Danubia
Telefon 08 51/3 97-6 00
www.viadanubia.de

ARGE Deutsche Donau
Telefon 0 84 31/57-2 37
www.deutsche-donau.de

Deutsche Limes-Straße
Telefon 0 73 61/52 23 61
www.limesstrasse.de

ARGE Straße der Kaiser und Könige
Telefon +43 7 32/72 77-8 00
www.strassederkaiserundkoenige.de

Ostbayerischer Jakobsweg
Telefon 02 41/47 90-1 27
www.jakobus-gesellschaft.de

Badespaß in Regensburg
Westbad
Messerschmittstraße 4
Telefon 09 41/6 01-29 44
www.westbad.de

Literatur zu Regensburg

Wer sich mit Regensburg beschäftigt, dem seien insbesondere die folgenden Lesetipps empfohlen. Die „Kleine Regensburger Stadtgeschichte" von Matthias Freitag (erschienen im Pustet-Verlag, Regensburg) ist zum Beispiel ein handliches und angenehm lesbar geschriebenes Taschenbuch. 168 Seiten erläutern komprimiert die fast 2000-jährige Historie – so wird Regensburgs Stadtgeschichte auch ohne größere Vorkenntnisse schnell verständlich.

Vermutlich ein Lebenswerk ist ein ganz dickes Buch mit 972 Seiten: Hier steht wohl alles drin zu Bauwerken, Straßen und zur Stadthistorie. „Regensburg – Kunst-, Kultur- und Alltagsgeschichte" von Karl Bauer ist eine Empfehlung für alle, die sich intensiver mit der Stadt auseinandersetzen wollen. Als weiteres Standardwerk gilt „Kunst in Regensburg" (Peter Morsbach und Anton J. Brandl, zuletzt 2001 im Pustet-Verlag in Regensburg erschienen).

Noch ein Tipp mit nur 72 Seiten – doch die lockeren Texte von Hanno Meier und die ambitionierte Fotografie von Hermann Weiß machen Lust auf mehr. „Regensburg" wurde 1999 in der Reihe Stürtz-Regio herausgegeben.

Spezielle Führer zu Regensburger Sehenswürdigkeiten:

„Fürstliche Museen Thurn und Taxis – Schlossmuseum und Kreuzgang", 1998 erschienen, ist ein herausragend bebilderter Guide durch das Fürstliche Schloss, durch Kreuzgang und Gruft.

Als Guides für die Kirchen Regensburgs empfehlen sich die Kunstführer aus dem Verlag Schnell & Steiner in Regensburg. Den Dom beschreibt sehr anschaulich und informativ ein 1995 erschienenes Magazin aus dem Echo Buchverlag mit dem Titel „Der Dom St. Peter Regensburg".

Zum römischen Legionslager Castra Regina und dessen Spuren informiert das handliche Taschenbuch „Auf den Spuren der Römer – ein Stadtführer durch Regensburg" von Gerhard H. Waldherr, erschienen im Jahr 2001 im Verlag Friedrich Pustet in Regensburg.

Weitere Lese-Tipps und Reiseführer zu Regensburg sind unter anderem:

Baedeker Regensburg, 2002

100 Bauwerke in Regensburg, 1999

Regensburg – Das mittelalterliche Wunder Deutschlands, Sigfrid Färber, 2005

Regensburg – Ein Stadtführer mit 70 Farbbildern, 1998

Regensburg (colibris kleine wegweiser), Markus Hörsch, 2002

Regensburg ... neu entdecken, Birgit Weichmann, Max R. Liebhart, 2003

Stadtführer Regensburg, Werner Dettelbacher, Friederike Strobel, 2004

Sonderfahrten
Schlemmerfahrten
kulturelles
Rahmenprogramm
Firmenfeiern
Hochzeiten
u.v.m.
Spass auf der Donau
für Groß und Klein

Zum Autor

Seit fast zehn Jahren beschäftigt sich Martin Kluger als Autor mit Städte- und Kulturtourismus. Aus dieser Arbeit entstanden in den letzten Jahren mehrere Reiseführer. Zuletzt sind von ihm erschienen:

- Augsburg – Der offizielle Stadtführer der Regio Augsburg (1. Auflage 2003, 2006 in der 4. Auflage)

- Städtetouren zwischen Allgäu und Ries (1. Auflage 2003, 2005 in der 2. Auflage)

- Die Mozarts – Die Mozartstadt Augsburg und die Mozartstätten in der Region (2004)

- Nürnberg – Stadtführer einer einzigartigen Stadt (2005)

- Die Fugger – Die deutschen Medici in Augsburg und im bayerischen Schwaben (2006)

- Regensburg – Stadtführer durch das mittelalterliche Weltkulturerbe (2006)

Gastrotempel gesucht?
GelbeSeiten®
www.gelbeseiten.de
Der Hotel- & GastronomieGuide auf GelbeSeiten.de
unterstützt Sie dabei. Dort finden Sie alle Restaurants,
Clubs, Bars und Hotels in Regensburg und Umgebung.

Bildnachweis

Fotografien:

Blizz aktuell: S. 12 (1)

BMW AG: S. 16

e.on Bayern AG: S. 17

Haus Heuport: S. 152

Historisches Museum Regensburg/
St. Katharinenspitalstiftung: S. 173

Hotel Roter Hahn: S. 165

Hut König: S. 168

Wolfgang B. Kleiner: Titel, Rücktitel (1), S. 2/3, S. 4 (1), S. 5 (2), S. 8, S. 9 (1), S. 10/11 (2), S. 12 (1), S. 15 (2), S. 20, S. 23, S. 24 (1), S. 27, S. 28 (2), S. 30, S. 31 (1), S. 34, S. 35 (2), S. 38, S. 39 (1), S. 42, S. 43, S. 44, S. 45 (2), S. 46, S. 48 (2), S. 51, S. 53, S. 54, S. 55, S. 56, S. 57 (2), S. 62, S. 81 (1), S. 82, S. 84 (1), S. 85 (1), S. 86 (2), S. 87, S. 91, S. 93 (2), S. 94, S. 95, S. 99 (2), S. 100, S. 101, S. 102 (1), S. 103 (1), S. 107, S. 108/109, S. 111 (1), S. 112, S. 113, S. 114, S. 115, S. 116, S. 118, S. 121, S. 125 (1), S. 126, S. 129 (1), S. 136 (2), S. 137, S. 138 (2), S. 139, S. 140, S. 141 (1), S. 146, S. 147 (2), S. 150 (1), S. 161, S. 162, S. 164 (1), S. 166, S. 167 (2), S. 172, S. 184/185, S. 186, S. 187, S. 188, S. 191, S. 194, S. 196

Martin Kluger: Rücktitel (2), S. 4 (2), S. 5 (1), S. 6/7, S. 15 (3), S. 18/19, S. 21 (2), S. 22 (2), S. 24 (1), S. 29, S. 31 (1), S. 32, S. 33, S. 39 (1), S. 40, S. 41 (2), S. 47 (2), S. 49, S. 50 (2), S. 52, S. 59, S. 63, S. 64, S. 65 (2), S. 66 (2), S. 67 (2), S. 68, S. 70, S. 72 (1), S. 76, S. 77 (2), S. 80, S. 81 (1), S. 83, S. 84 (1), S. 85 (1), S. 90, S. 92, S. 98, S. 102 (1), S. 103 (1), S. 110, S. 111 (1), S. 119 (1), S. 124, S. 125 (1), S. 130 (1), S. 132, S. 134, S. 135, S. 141 (1), S. 142, S. 143, S. 144/145, S. 148 (2), S. 150 (1), S. 160, S. 164 (1), S. 176, S. 195

Kunstforum Ostdeutsche Galerie: S. 174

Clemens Mayer/Odeon Concerte: S. 71, S. 177

Stadt Regensburg/Peter Ferstl: S. 15 (1), S. 25, S. 119 (1), S. 122, S. 130 (1), S. 132, S. 178 (1)

Stadtmarketing Regensburg: S. 129 (1/obx), S. 170 (obx), S. 178 (1/Jan v. Hassel), S. 180

Svenja Uihlein: S. 9 (1), S. 123, S. 154

Universität Regensburg: S. 128

Thurn und Taxis Museen: S. 72 (1), S. 73, S. 74, S. 75

Tourismusverband Ostbayern: S. 190, S. 192

Illustrationen/Karten:

Winkler Werbung, Nürnberg:
Titel (innen), S. 33, S. 37, S. 45, S. 60/61, S. 63, S. 64, S. 74, S. 79, S. 89, S. 97, S. 104/105, S. 106/107, S. 117, S. 120, S. 127, Rücktitel (innen)

Impressum

REGENSBURG
Stadtführer durch das
mittelalterliche Weltkulturerbe
Martin Kluger, Petra Kluger

Herausgeber:
M.S. Media-Service & Verlags-
gesellschaft mbH, 2006/Blizz aktuell
Geschäftsführer: Wolfgang Herzog
(Reise-Taschenbuch)
ISBN 3-00-019581-5
ISBN 978-3-00-019581-5
1. Auflage,
Oktober 2006

Konzeption, Grafik und Produktion:
Winkler Werbung WA GmbH Nürnberg

Lektorat:
Matthias Freitag
Svenja Uihlein

mit Unterstützung durch
Peter Styra
Otto Aufleger

Bibliografische Information
der Deutschen Bibliothek

Die Deutsche Bibliothek
verzeichnet diese Publikation in
der Deutschen Nationalbibliografie,
detaillierte bibliografische Daten sind
im Internet über http://dnb.ddb.de
abrufbar.

ISBN 3-00-019581-5
ISBN 978-3-00-019581-5